建築照明の作法

照明デザインを語る10の思想と27の作法

面出 薫

TOTO
建築叢書

装幀　中島英樹

はじめに

この本は1999年10月にTOTO出版から発刊された、ギャラリー・間叢書14『面出薫+LPA 建築照明の作法』の内容を補完し書き下ろしたものである。建築照明デザインの目的や役割を語り、建築照明に関わる「10の思想と27の作法」を改めて考えてみたいと思った。

当時の私はLPAという建築照明デザイン会社を立ち上げて9年目だったが、田中一光さんや杉本貴志さんらの諸兄に促され、ギャラリー・間での光の展覧会を開催することになった。その展覧会は、2000本の光ファイバーの点滅で場の変容をプログラムしたり、高純度のアルミ反射鏡を床一面に敷き詰めて光学設計の理論を展示したり、建築照明デザイン事務所の仕事をつぶさに紹介するようなものだった。その2か月にわたる展覧会のタイトルを「建築照明の作法」としたのは、照明デザインという仕事の楽しさや危うさを紹介するとともに、そこに「作法」と呼ぶにふさわしい信条やセオリーが成立するか否かを問うためであった。当時の本の巻頭を私は以下のように書き出している。

世界中の優良な建築に出合うとき、そこには決まって優良な光が意図されている。建築に一歩足を踏み入れて、「何だろう、この不思議な心地よさは……」と戸惑うことがある。明るすぎず、暗すぎず、もちろん照明器具の姿はどこにも見当たらず、目のやり場に困らないように明快な光のフォーカルポイントが与えられている。そんなとき、そこには気配と化した光の粒子が舞っているはずだ。建築照明デザインとは、このような「巧妙な気配をつくり出すための罠」を仕掛ける仕事である。(『面出薫+LPA 建築照明の作法』より抜粋)

今でも私はこの境地から一歩も外れることがなく、しかし建築照明の真髄をいまだ極めていない。巧妙な罠を仕掛けようとして何度も失敗を繰り返している。どうしてうまくいかないのかを嘆いている。また、幾度かは自分の想像を超えて出現する現場の光に感嘆し、時に狂喜し、今なお建築照明デザインの道を究めるために精進している。

私が照明デザインの道に入って37年が経過した。そして今、わき目もふらず唱えてきた自説から離れて、新たな旅路に立ちたい気分も目覚めてきた。私は努力や精進だけを信条とするが、一向に進化していないことへのいら立ちも隠せない。

学生相手に毎年同じノートを開いて、安易な講義を続ける老教授のようなことを、私もしてはいまいか。これまでの自分のやり方から大きく逸脱する手立てはないものだろうか。これが今回、15年前と同じタイトルの本を書いてみようと思った本音である。この本が私の照明デザイナーとしての転機となることを期待している。

デザインの分野は幅広いが、どれをとっても科学と芸術の狭間を行き来しながら仕事をしている。理性と感性、または理論と感覚、その両者のバランスを取りながら技を磨いているのである。願わくば誰もがレオナルド・ダ・ヴィンチのように、両者を一致させた超一級のデザイナーを夢見ているのだろうが、努力だけでそのようなセンスと技量はもちえない。デザイナーは通常、科学的思考を得意にするか、芸術的センスに生命線を見るか、のどちらかに偏っている。ところで私は、そのどちらに偏ったデザイナーなのだろうか。

あまり真剣にそれを自問したことはなかったが、考えてみると私は感覚的に発想し、感覚的に判断したいと思っているに違いない。なぜかというと、こと光のデザインに対して私は徹底的に現場主義であり、自分が見て体感したものしか納得をしていない。書籍の中に書かれたうんちくや理論から多くを学んできたが、それを鵜呑みにはしなかった。どこかで常にうんちくや理論を疑っている。建築雑誌に掲載される美しく心打たれる竣工写真に触れても「これは腕のいい写真家のなせる業のせいでは?」と疑う始末なのだ。多少性格が屈折しているのかもしれない。

しかしながら光のデザインという仕事は磨かれた感性のみで完結しない。そこにはたくさんの説明すべきことや、共有理解すべきこと、お互いに納得すべきこと、成果を予測すべきことなどが散在している。私たちにはほとんどの場合に仕事の依頼主がいて、共同設計者としての建築家やインテリアデザイナーやランドスケープデザイナーなどがいる。そしてその人びととの快い関係をつくらねば仕事は成立しない。その信頼し合える快い関係をつくるために、デザイナーには論理が必要であり科学的なアプローチが不可欠なのだ。芸術的、感覚的に自分の精神を自由に泳がせておきながら、もう一方の自分は、さまざまな関連分野の技術革新や、人間と光との間に起きる知覚メカニズムを解析する。また少ないエネルギーで優れた照明効果を生む理論や、コストやメンテナンスの労力を削減する方法の研究など、常にダ・ヴィンチに迫る努力は欠かさない。それがプロの建築照明デザイナーの目指す姿なのだと思う。

２０１１年3月11日に発生した東日本大震災の後に、私たち日本人はそれまで自ら歩んできた道程や価値観を大きく考え直すことになった。多くの建築設計者が被災地を訪れ、建築設計の社会的役割についての本質的議論を開始した。建築デザインとは何のためのものであったのか。建築デザインに何が可能か。それと同時に私は照明デザイナーという職能について同様の自問自答を始めた。私たちはこの教訓から何を学び取ることができるのか。変化に満ちた列島からなる日本の国土は、美しい自然の代償にさまざまな天災に見舞われるリスクをもっている。歴史的な大地震や大津波には、日本人はじっと耐えて力強く再生してきた。しかし最も憂慮すべきは日本全土に散在する原子力発電所による人災のリスクだ。原発は再生不能の都市を生む危険をはらんでいる。私たちは地球規模での核の廃絶と同様に、原子力を背景にした電気エネルギーの増産自体をも議論すべき段階を迎えている。

「照明デザインという仕事はバブリーな仕事のように見える」私にそう語る建築家がいた。彼は建築もそうであることを否定しなかったが、私は「照明デザインは金持ちだけに向けられた気取った仕事ではない」と虚勢を張ってしまった。

社会全体が電飾の20世紀を明確に懺悔し、わずかなエネルギーによる照明デザインを目指すべきだと私は思っている。

照明デザインは、さほど明るくしなくても十分な成果を得られるはずだ。LEDや有機ELという新光源を手にして、私たちは光と人間のまったく新しい生活情景を描くことができる。天井に照明器具がまったくない室内。リビングルームの壁一面がぼんやり輝いている。と突然、壁面は大きなモニター画面に変化し、さまざまな情報を提供する。人びとはLEDのつくり出す宇宙的な光の中で、なおかつキャンドルに火を灯して暮らしているのだ。またはポール灯がまったくない幹線道路。低い位置でガードレールや車道自体が光を発している。これらが2050年頃に実現する情景だろう。私たちが今、目にするものとはまったく異なる夜の景色が展開されるに違いない。

照明デザインはとても楽しく価値のある仕事だが、歴史の浅い仕事であるために危うさも兼ね備えている。本書がどの程度、照明デザインの中の理屈と感性の狭間を埋めることができるかは予断を許さないが、さまざまな議論と批判を呼ぶための一助になることができればこの上ない喜びである。

目次

建築照明／27の作法

心の作法

頭の作法

手の作法

建築照明／10の思想

●思想1　光は素材である

クロード・エンゲルとの出会い

「光は素材である」この言葉を初めて発したのは私ではない。私が建築照明デザインという仕事の世界に入りかけたときに、アメリカ東海岸で活躍していたライティング・コンサルタント、クロード・エンゲル氏が発した言葉だ。そもそも私はこれがクロード自身のオリジナルの言葉なのか、彼が先達から譲り受けた言葉なのかを尋ねたことはなかったが……。

それは私が大学を卒業し、照明会社の研究所に入社して2年目1980年のことで、日建設計の建築設計による大きなアトリウムをもった「新宿NSビル」の照明計画を担当した際の出来事だ（図1、2）。ワシントンDCのポトマック川沿いにあるクロードの事務所に通い詰めた頃、彼から建築と光についての衝撃的な言葉を幾つも聞かされた。これはそのうちの最も輝く言葉のひとつだった。クロードのこの言葉は主に建築家や事業者に向けて発せられた言葉だ。彼は当時のモダニズム建築家たちに対して「建築設計者のための素材はスチールやコンクリートやガラスだけではなく、光を大切な建築素材のひとつとして捉えなさい」ということを主張している。穏やかな口調の中にもつまらぬ遠慮がなく、論理的でありながら吟味したキーワードをクロードは建築家に向けて発し続けた。

私が建築照明デザインという世界に限りない夢と奥行きを感じ取ったのが、この「新宿ＮＳビル」というプロジェクトであり、このプロジェクトとクロード・エンゲル氏との出会いがなければ、もしかすると私は早期にドロップアウトして、これほど長く照明デザイナーとしての経験を積むに至らなかったのではないかと思うほどである。

何と言っても照明デザイナーを始めた当時には、やっとありついた建築照明の仕事でさえも、建築家とのやり取りもなく、ただ送られてくる天井伏図に照明器具の配置を示し、照度計算のデータと器具リストを付け加えてアウトプットする、といったことが日常茶飯事に行われていた頃のことである。照明デザインとは天井に何か照明器具を取り付ける仕事、と思い込んでいる設計者はたくさんいた。その時代の中で、アトリウム（光庭）に入射する自然光の影響を予測し、自然光と人工光を矛盾なく結びつけ、昼夜ともに快適な光に満たされた公共空間をどのように提供すべきなのか、という建築家との根源的な対話の中身に、私は身を震わせながら参加していたのである。

新宿ＮＳビルプロジェクト

「新宿ＮＳビル」のプロジェクトでは「大きなトップライトから降り注ぐ昼間の太陽光が、建築家の期待通りに常に快適な視環境を担保するわけではない」、というクロード・エンゲルの忠告的な議論から始まったことを思い出す。太陽の光は60ｍ上のトップライトで数万ルクスを測定する

図1 新宿NSビルのアトリウムを見上げる

図2 光のウェルカムマット(新宿NSビル)

図3 新宿NSビルの断面図（自然採光の分析図）

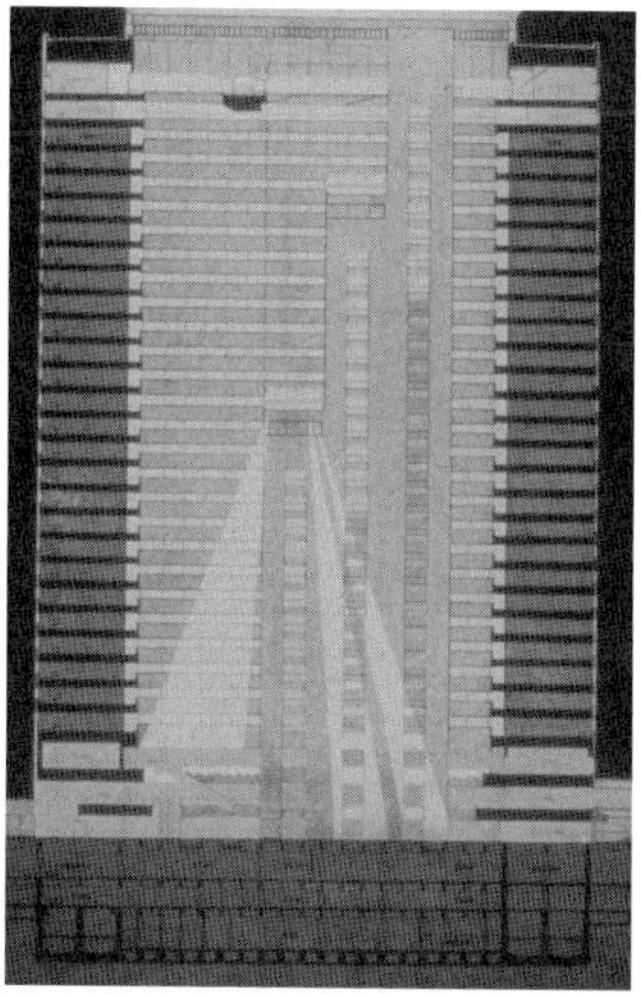

図4　新宿NSビルの断面図（夜間照明概念図）

が、60mを下ってくるうちに距離の2乗に反比例して数千～数百～数十ルクスに減衰し、アトリウムに到達する光と天蓋との輝度の差を実感する人びとは、あたかも自分が井戸の底から天空をのぞくような陰鬱な気分に陥るかもしれない。これが世界中で最も活躍する旬な照明コンサルタントの危惧であり警鐘だった。しかしこれらの課題を払拭するために、私たち設計チームはアトリウムに面した低層部の公共通路壁面を均一に輝かせるためのウォールウォッシャーを配置することにした。ここで光は均一に輝く壁面という建築素材となった。

また日没後に訪れる美しい夜の帳は、「新宿NSビル」の1階エントランスに人びとを柔らかく迎えるための「光のウェルカムマット」を創り出した。キャノピーに埋め込まれた10台のグレアレス・アジャスタブル・ダウンライトの光がエントランスの床面に対して丁寧に照射角度が調整されて、平均150ルクスの光溜りをつくっている。50ルクス程度の周囲の光に対して3倍の強さが肝要だと知った。柔らかく暖かい光のウェルカムマットがここに敷かれ、人びとがそれを踏みしめながら行き来している。ここでも光は素材となった（図3、4）。

光はスパイスではない

建築家は通常、要求される空間の容積やそのプロポーションのパズルを解きながら、常に建築の内装や外装に対して、その仕上げ素材に思いを注いでいる。石、煉瓦、スチール、ガラス、木、タイル、漆喰、紙、布。異なる種類の素材はまったく異なる質や空気の建築を出現させるからだ。しかし光をそれらと同等の素材と考えていない場合には、優れた素材がまったく価値を失うことがある。例えば、ある建築家が主張して大変希少で高価なイタリアの大理石を取り寄せたとしよう。この素材さえあればこの本社ビルのロビー空間は間違いなく質を高めるはずだ、と胸を張ったに違いない。しかし日本の現場でこの高価な大理石はイタリアで見たような豊かな太陽にはさらされない。おかしいなと思っているうちにしまいには、色気の悪い放電灯ダウンライトの光に苛まれ、安普請なテラゾー（人造大理石）以下の素材に成り下がってしまう。

私はこのような情けない現場の状況に頻繁に遭遇する。こんな馬鹿げたことが許されてよいのだろうか。こんなことなら最初から、安価なテラゾーに配光制御の効いたハロゲンランプのウォールウォッシャーをかけた方がはるかに利益があったに違いない。光は常に設計上の優先順位の高い建築素材なのである。日進月歩で開発される新光源の数々、そしてその調理法に基づく工学制御の方法、配光の種類、光の強さ、わずかな光色や色温度の違いまで、選択されるべき素材としての光は多種多様に進化した。

照明デザインに何かを期待して人びとは時々、「光はスパイス＝香辛料だ」と言ったり、「光はお化粧のようなもの」と言ったりもする。私は料理での香辛料の大切さや、とりわけ女性を美しく見せる化粧の役割を否定するわけではないが、光を香辛料とするのは狭い見識である。やはり光はそのものが重要素材なのだ。スパイスは素材なしにそれだけを食することはほとんどないが、光や影はそれだけをじっと見つめていても幸せになれることがある。建築の姿や都市景観など、視覚に入るもの全ては光のあり方や品質にすぎないのだ。大きく譲って光が化粧に例えられる場合にも、スッピンで美しく健康な人に対する薄化粧は成功するが、無粋な厚化粧に頼るような建築設計は御免である。

● 思想2　照明器具は道具である

見せるための照明器具

照明器具とは明確な光の性能を誇るべき建築照明デザインの重要な道具である。全ての照明器具が特有の効能や特徴をもっていて、設計者の意図や技量の深さに合わせて使いこなされるのを待っている。ダウンライトやスポットライトのような純粋でわかりやすい道具はもとより、時に古典的なシャンデリアの煌めきさえ、意図された空間演出のための舞台装置や小道具にすぎない。装置として照明システムを理解し、道具として照明器具の性能を熟知したいものである。

人類の歴史を顧みると、照明器具は焚き火や松明《たいまつ》から始まる灯火具に原型を見ることができる。獣《じゅう》油《ゆ》や植物油などの燃えやすい油の品質を徐々に改良し、燃焼光源としてきた器具の歴史から、鉱物を利用して石油やガスにたどり着きホヤを用いたランプの歴史、そしてついに19世紀末に電力を用いた照明器具が登場した。

オイルを使う照明器具が長い時期をかけて芸術的な家具調度として発展したとき、シャンデリアに代表される豪華な照明器具は、その姿や輝きをもって富の象徴であったりもしたが、電力を手にしてから照明器具は役割や機能、使われ方や容姿を加速度的に変化させ、白熱ランプのみでなく、蛍光ランプやＨＩＤランプと呼ばれる高輝度放電灯、そして昨今のＬＥＤランプの出現によって、照明器具というプロダクト製品に無限のバリエーションを与えるに至った。この歴史の中で当時、照明器具は明らかに見せるためのオブジェだった。

私が照明デザインの道に入った1978年頃でさえ、照明デザインという言葉は輝く姿形を楽しむべきプロダクトデザインの一種か、ホテルのレセプションや宴会場などにみられる豪華な光のオブジェのデザインを意味していた。であるから当時、日本の消費的なプロダクトデザインの世界に否定的だった私は、装飾的な照明器具のデザインをしない照明デザイナーになることを考えた。その頃の日本は右肩上がりのバブル経済の渦中で、店頭に並ぶどのような製品でも飛ぶように売れる時代を迎えていたので、私の言うことは周囲からすると奇異に見られたかもしれない。しかし昼光照明にも興味をもっていたこともあって、照明器具の姿形に頓着しない照明デザイン、人と空間とが光によって有機的に結びつけられることの大切さを私は予感していた。

姿を隠す照明器具

照明器具の姿形を原則的には隠して行う照明デザインの職能分野がもうひとつある。灯火の時代からの長い歴史をもつ舞台照明デザインの世界だ。照明デザイナーとは、照明器具をデザインする人、光で芸術的な作品をつくる人、照明設備として光環境を設計する人、都市や建築の光環境を創る人、そして舞台やスタジオの光をデザインする人など、多様な職能に分けることができる。その中にあって建築照明デザインは、それぞれの分野を横断する総合的な技量を必要とするが、手法的には舞台照明デザインが得意とする時間軸をもった4次元のデザインに近い。舞台芸術は時間の流れを立体的に視覚化するものであり、舞台照明はその真髄を担う立場にある。光の置き方や変化の仕方で狂喜や悲しみを表現し、何十年もの時の経過をほんの数分に凝縮してしまうのが舞台照明デザインだ。

舞台照明が使う照明器具はほとんどが観客の視線の外に置かれていることや、照明器具自体に多様で特殊な性能が要求されること、その道具の性能次第で達成する仕事の成果が著しく異なることが建築照明と酷似する点だ。しかし完璧に異なる点も3つある。ひとつは舞台芸術のように建築照明や都市照明のドラマは2〜3時間で終了しない点。ふたつ目は建築照明ではほとんどの場合、固定した観客視点を望めない点。そして3つ目は舞台照明がフィクションの演出であるが、建築照明には生活のリアリティがかかっていることだ。

しかしそのような差異を前提にしてさえ、建築照明の出来栄えが舞台照明の価値に迫る要素をもっている点を強調したい。つまり光のデザインはフィクションであれノンフィクションであれ、最終的には感動の種類や度合いが問われるものなのだ。そのためにあらゆる光の手練手管を動員する私たち照明デザイナーは、道具としての照明器具の性能を高めつつ常に斬新な道具の開発にいとまがないのである（図5）。

図5 照明器具棚の前で光の道具を手にするデザイナー

道具として進化する照明器具

職人には冴えた道具が必要不可欠である。私たちが気の利いた光の道具を必要とするのは、腕のいい大工が自らの技を発揮するために優れた道具を自ら工夫し発明したりすることと同じだ。新しい建材などが出てきたときには、それに合わせた加工法を開発する。また腕達者な絵描きが絵の具の種類だけでなく、多種類の鉛筆や絵筆やペインティングナイフなどを使い分けたりすることも同様だ。思うような作品に仕上げるには、自分が納得できる道具を開発するしかない。照明デザインは時に絵描きの繊細な面相筆のようにピンポイントで細部のみを照らしたり、水彩絵の具をたっぷり含んだ大筆のように空間を広く均一に照らしたりもする。さまざまな光の道具を使い分ける上で最も大切なことが道具の存在を消すことだ。そのために近代の建築照明技術では、天井に開いた小さなダウンライトの穴の奥でさまざまな光学制御のための工夫がされている。設定角度以上の光源輝度を発しないように設計されたグレアレスダウンライトは、グレア・カットオフ・アングル（まぶしさを抑える臨界角度）を通常40度とするが、オフィス空間などでは30度、ゆったりしたソファのあるレセプションなどでは50度に設定することもある。壁面に近く配置されたダウンライトの光が壁に異様な光（スカラップ）を与えないように、壁面を均一に照射するためのウォールウォッシャー。これには通路などの両面を同時に照射するためのダブル・ウォールウォッシャーや、壁面のコーナーのみを均一に照射するコーナー・ウォッシャーなどがある。また、光軸の照射方向を調整してスポットライトのような機能をもつアジャスタブル・ダウンライト、レンズを使って光を切り取るフレーミング・プロジェクターなど。一見すると同じように見える天井の穴からは、それぞれに機能や性能の異なる光が潜んでいて、用途に従って使い分けられる。

職人にとっては自分自身で使い込んだ道具が一番使いやすいものだ。性能を熟知しているし、何と言っても長年使った信頼感がある。しかし、こと照明器具に限っては、日進月歩の光源技術や光学制御技術の革新が続いているので、道具自体もかなり頻繁に新しくしなければならないのが辛いところだ。光の道具はますます高性能になり洗練した技を可能にしつつある。どこまで照明器具は道具としての進化をするのだろうか。

●思想3　輝くべきものは建築であり人である

ピカピカ、キラキラ、ギラギラ好き

世の中にはピカピカ、ギラギラと輝いた照明器具が氾濫している。照明器具が十分に輝くものでないと満足しない人が多いのだろうか。この感覚はとりわけ日本人やアジアの人びとに共通するようである。よほど輝くことが好きなのだろう。

明るさ＝繁栄＝幸せ、という戦後から続く人びとの意識の中に、さらに追加して「明るさ＝輝き」というセンテンスを入れても不自然ではない。輝きは華やかさに通じ、にぎやかなのが好きな多くの人びとはキラキラを否定しない。

輝くことが嫌いでない日本人の性癖は大きく2種類に分けて解説できる。ひとつは室内に煌めくシャンデリアやクリスマス・イルミネーションなどに見られる「キラキラ好き」だ。闇夜を背景にして飛び交う蛍の輝きほどであれば納得はできるが、大変明るい室内にさらに明るいシャンデリアが活躍していたり、日本独特の住宅用蛍光灯シャンデリアに至っては、照明デザイナーとして我慢ならない事態だ。そのようなキラキラ好きは高所から眺める日本の都市夜景にも表れている。宝石箱をひっくり返したような美しい夜景、という解説を聞くたびに、私はある部分で単純に納得しながらも、この夜景が夜空に放出される不必要な光（無駄光や障害光＝光害）の集積によってできあ

がっていることを想い起こす。もちろん19世紀以前には存在しなかったクリスタル夜景なのである。

もうひとつの輝き好きの特徴は剥き出しの蛍光ランプの使い方である。オフィスでは徐々に少なくなってはきたが、下面開放型照明器具という蛍光ランプが丸見えの器具がたくさん使われている。欧米ではこのような器具は生産工場などでは見られるがオフィスにはほとんどない。蛍光ランプから発する光の輝き（輝度）が高すぎて、作業面での適正照度は確保されるが、視力低下や眼精疲労など作業に悪い影響を与えるからである。通常のオフィスでは、これの眩《まぶ》しさを防ぐために、ある角度以上の直射光をカットするようなルーバーを付けたり、光学反射鏡で光の出方（配光）を制御したりして快適な視作業を確保している。日本人はこの下面開放と呼ばれる安価な照明器具に大きな不満を訴えなかった稀有な人びとだった。

それと同様の事例はコンビニエンスストアやドラッグストアに見られる輝く天井照明だ。少し前までは蛍光ランプが使われていたが、２０１１年の震災後には徐々にＬＥＤ光源に替わりつつある。店内照度が１０００～２０００ルクスに達することも異常ではあるが、剥き出しの蛍光ランプやＬＥＤランプが天井を埋め尽くしている環境に日本人が慣れ親しんでしまっている現状にもあぜんとする。大震災直後には間引き点灯などもあり、行き過ぎた明るさや消費エネルギーを反省して改善されることにも期待したが、今に至ってはまったく元に戻ってしまった様子だ。さらに蛍光ランプがＬＥＤに替わったことにより、これまでの使用電力が削減されはしたが、照明器具のギラギラ度合いは増加傾向にあることも心配だ。

「明るさ＝輝き」を常識的に受け入れている私たちの未来に対して、建築照明デザインはどのような事例をもって啓蒙教育できるのだろうか。

磯崎新さんに学ぶ

「照明器具の存在を消せ」と常に叫んでいた建築家は磯崎新さんだ。磯崎さんはアメリカのニューヨークで「ザ・パラディアム」というスーパーディスコを設計したときと、「ロサンゼルス現代美術館」を設計したときに、私が尊敬し師と仰ぐ照明コンサルタントのポール・マランツを起用して、建築照明の真髄を最も早く日本に紹介した建築家だ。私はこれまでに磯崎さんの仕事をたくさん担当させていただいた。主なものだけでも、「水戸芸術館」、「兵庫県立先端科学支援センター」、「豊の国情報ライブラリー」、「京都コンサートホール」、「なら１００年会館」などがある。思い起こすとそのすべてに「照明器具の存在を消す」ための努力を重ねてきた。照明器具が無造作に建築に取り付いてしまわない。建築照明デザイナーにとってこれ以上、緊張感があり挑戦的なプロジェクトはない。建築空間から照明器具の存在を消し去るには建築設計の早い段階で建築のデザインに大胆な注文を付けるしか方法はなく、建築家は照明デザイナーと共に照明器具の存在を消し去るための建築デザインについて議論する。

通常、私たち建築照明デザイナーは建築の基本設計が固まる前後に参画することが多いが、実施設計が固まってしまった時点で「照明器具を隠してくれ」と注文されても遅過ぎる。建築家が私たちの自由な意見やアイデアを取り入れて、フレキシブルに自らの設計を変更できる時点から参画できれば、光をダイナミックに利用した建築設計は成功する。まさに磯崎さんの仕事では、それが理想的にできたのだ。

例えば「京都コンサートホール」の大ホールでは、観客席の天井照明の存在感を消すために天井一面をフラットにせず照明を兼ねた凹凸を付けデザインした。観客はごつごつした天井のデザインを見上げるが、そこに機能的な照明器具が隠されている事実に気づかない。スペインのアルハンブラ宮殿の天井を拡散反射する光に似ている。さらに磯崎さんは必要不可欠な舞台用の照明器具でさえ通常は見えないようにすることを主張した。私たちはサイドライトの舞台照明器具が通常の状態では壁面に格納されていて、パフォーマンスが始まる寸前に姿を現す方法を提案し、キネティックな仕掛けを設計した。壁面に収納されたボックスの扉が少しの摩擦音を立ててゆっくり開閉する仕組みであった（図6）。

また、その後のプロジェクト「なら100年会館」ではさらに画期的な建築照明のディテールを開発した。それは二重のガラス壁に囲われた中ホールでの出来事だ。この二重のガラス壁面は遮音の効果のみならず、ここを訪れる人びとの視線をつないだり切ったりする情景変化のための機能を付加しようとした。クリアガラスには銀色の細かいセラミックドットがプリントされていて、これを１５０㎜ピッチに配列した12Ｖ20Ｗのハロゲンランプで照らし上げている。透明な被膜が光の調光点滅によって霞んで見えたりクリアになったりする効果を狙って開発した照明器具を隠蔽するためのディテールだ（図７）。

輝くべきものは照明器具ではない。主役は建築であり人なのであるから、輝くべき対象は建築空間でありそれを享受する人びとで、そのために照明器具は空間から姿形を消し演出のための黒子に徹するべきである。周辺をぐるりと見回してみても、そこにランプや照明器具が見当たらず、ただ快く必要十分な光だけが空間に漂っている。そんな奇跡的にも思える状況が建築照明デザインの最終目的地だと信じている。光を発する照明器具を極力輝かせずに闇に葬るための姿勢、それがグレアレスでありダークライトの思想をつくった。

光は素材であり、照明器具は道具である、とした建築照明の思想は、照明器具が輝くのではなく輝くべきものは建築そのものでありそこに佇む人びとなのだ、という３番目の命題をもって建築照明のミッションを完結するのだ。

大ホールの室内

小ホールの室内

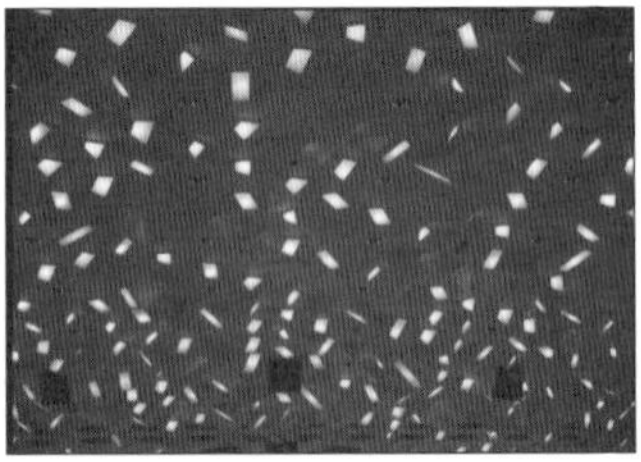

大ホールの天井

大ホールのホワイエ

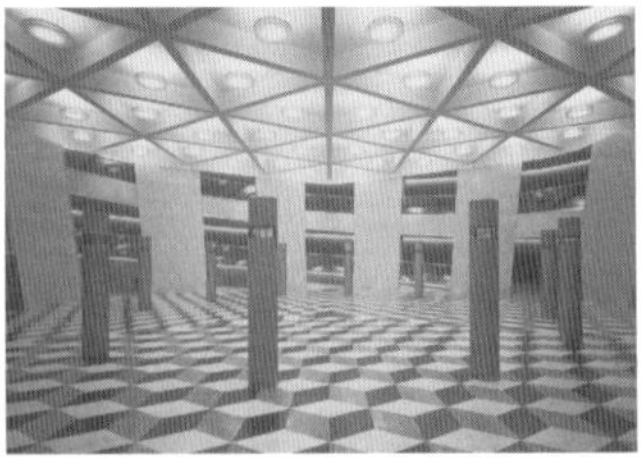

エントランスホール

図6 京都コンサートホール

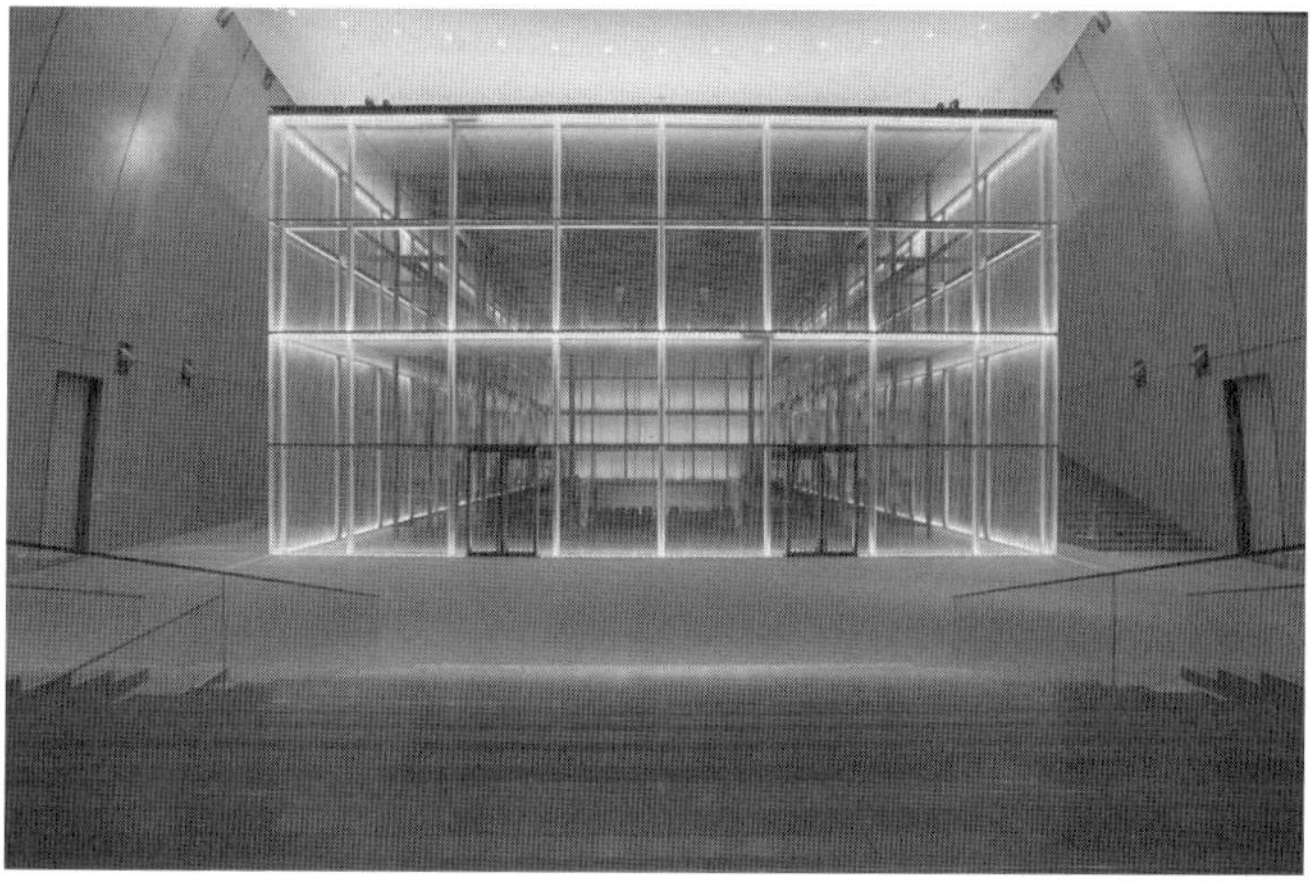

ガラス壁面の照明が点灯したシーン

ガラス壁面の照明が消灯したシーン

二重のガラス壁面

ドットプリントガラスと照明の部分

図7 なら100年会館の中ホール

●思想4　自然界のルールに学ぶ

太陽と火／自然光の力

私たちがいくら知恵を絞っても照明デザインは自然光の技を超えられない。全ての感動的な光の原形は自然光の中にある。なぜ自然光の創作する風景や景色に美や快適を感じるのか。なぜ自然光には宗教的な精神が宿るのか。なぜ自然光の変化や移ろいにのみ日々の悲しみを忘れることができるのか。それらの疑問に私が答えられるはずもないが、真実がそこにあるだろうことはよくわかる。だからこそ私は自然界のルールに学ぶより方法はないと思うのだ。自然の光は多種多様であり、刺激的であり、圧倒的な神秘性を含んでいる。私が意味する自然光とは、天空から降り注ぐ太陽の光と、大地に潜むマグマの化身としての火のふたつだ。自然界の中では昼間の太陽と夜の火として説明できる。そのふたつの自然光の他に自然界で目にすることのできる光や輝くものとしては、落雷やオーロラの美技、明滅する蛍や夜光虫、イカやアミのような蛍光物質をもった海洋生物、キノコや夜光植物など。それぞれのわずかな発光でさえ、私たちに光と人間の快い関係を教えてくれる。

煌々と輝く満月の光は地上で0・2ルクスという低い照度ではあるが、昔の人びとにとっては夜間に峠越えをできるほどの十分な明るさだった。太陽光は勢力の最も強い南中時に真っ白な光となって地上の生物を活発に働かせる力をもつが、地平線近くに傾いて地上に長い影を落とす頃には、その光を黄色からオレンジ色へと変化させ地上の生物に安息を与える。夜の室内で灯火の炎は不安定に揺れ動くが、その揺らぎこそ人びとの心を鎮静させる効果をもつ。上から下へ降り注ぐ白く大量の光は緊張感を与えるが、下に位置するわずかで暖かい色の光は安らぎを与える。炎の揺らめき、水面の反射や木洩れ日の揺らぎ、日没時のグリッターリング、星のまたたき、などなど。自然界を細かく観察すれば、そこに潜む無尽蔵のルールを発見できる。そしてそのルールに従った照明デザインこそ、建築照明の原点となり得るのではないだろうか。

体内時計が刻むリズム

生物の活動が光と密接に関わりをもつことはサーカディアンリズム（体内時計）として知られている。動植物のほとんどが一日24時間のリズムをもっていて（正確にいうと24時間11分だそうだが）、光や温度や食事の摂取などによって、そのリズムが保たれたり壊されたりするそうである。これはもちろん太陽の運行と関係していて、昼と夜の健全な迎え方を間違えると体内時計に変調をきたし、疲労感を覚えたり睡眠障害を起こしたりすることになる。生物と光の関係だけに目を向けると体内時計を健全に運用するには光の強さだけでなくスペクトル（＝光の波長＝色）も関係している。だから太陽が沈み夜を迎えた後には、原則的には強い光にさらされないことと、色温度の高い（白い）光の下で生活しないことが大事なのだ。しかしながら現在では、夜になるほどに仕事に集中力が増し、真っ白で高照度のオフィスで終夜労働し太陽の高い昼の時間に就寝するような人びともいる。また、そんな特殊な例でなくても、戦後の蛍光ランプの普及に従って、白い光が大好きになってしまった日本人の住宅照明は、いまだ白色蛍光灯が主流である。体内時計の変調だけでなく会話の少ない家族関係なども、この真っ白でたっぷりな住宅照明の弊害ではないかと考えても不思議ではない。住宅ではキャンドルの光を楽しむようにして、暖かい色の光が少量あればよいと思うのだが、ひとたび「光の過食症」に蝕まれた私たち日本人は、そこから抜け出すのにまだまだ時間がかかりそうである。

色温度と照度の関係式

体内時計の話をしたついでに、照明デザイナーに対して入門時に最もよく説明される光と人間の知覚メカニズムを紹介しておこう。1941年に発表された色温度と照度の快適な関係を語るクルーゾフのデータである（図8）。照度と色温度とには快適性における相関関係が存在するという学説で、実証的にも認められている。照度が低い場合には色温度が低い（暖かい色）光でないと快適に感じず、照度が高い場合には色温度が高い（白い）光でないと不快に感じる、という説だ。照度が低いのに白い光で照明すると寒々しく陰気な雰囲気になり、照度が高いときに色温度が低くなると暑苦しくて仕方がない。このことは体内時計の説明にも合致していて、バイオリズムに基づいた照明設計をするときの基本として知られている。高級レストランではテーブルに置かれたキャンドルの光がいとおしく思えるほど全般照明も下げることになるが、もちろん色温度も下げなければならないし、早い客の回転を期待するファストフード店などでは、多少照度を高めにして色温度も上げて快活な雰囲気にすることが鉄則になる。

この色温度と照度の快適性のグラフに倣って、緊張感と安らぎと光源の位置（高さ）に関係するセオリーを、私は室内空間の断面スケッチで説明した（図9）。

これはまず人間の体位（姿勢）について語っていて、立位（立っている姿勢）、座位（座る姿勢）、伏位（寝ころんだ姿勢）となるに従って緊張感から解放されて無防備になり安らぐ姿勢であることを語っている。それと同時に人間の視点も室内において徐々に低くなり、最終的には横になる姿勢で最も床に近くなる。その室内での人間の体位と視点の位置に関連して、光を発する照明器具の立面的な配置（空間でのポジション）も高いところから低くなるにつれて、緊張感から解放されて安らいでくることを設計与件とすべきなのである。

まず室内では天井に埋め込まれたダウンライトや天井直付けの蛍光灯器具などが最も高い位置の照明器具で、これは機能的でありながら緊張感をつくり出す。次に天井から吊るすタイプのシャンデリアやペンダントなどの器具の高さ、そしてブラケットと呼ばれる壁付け器具、さらにフロアスタンド、テーブルスタンドなどのように光源位置が徐々に低くなり、最終的には床に転がしたよ

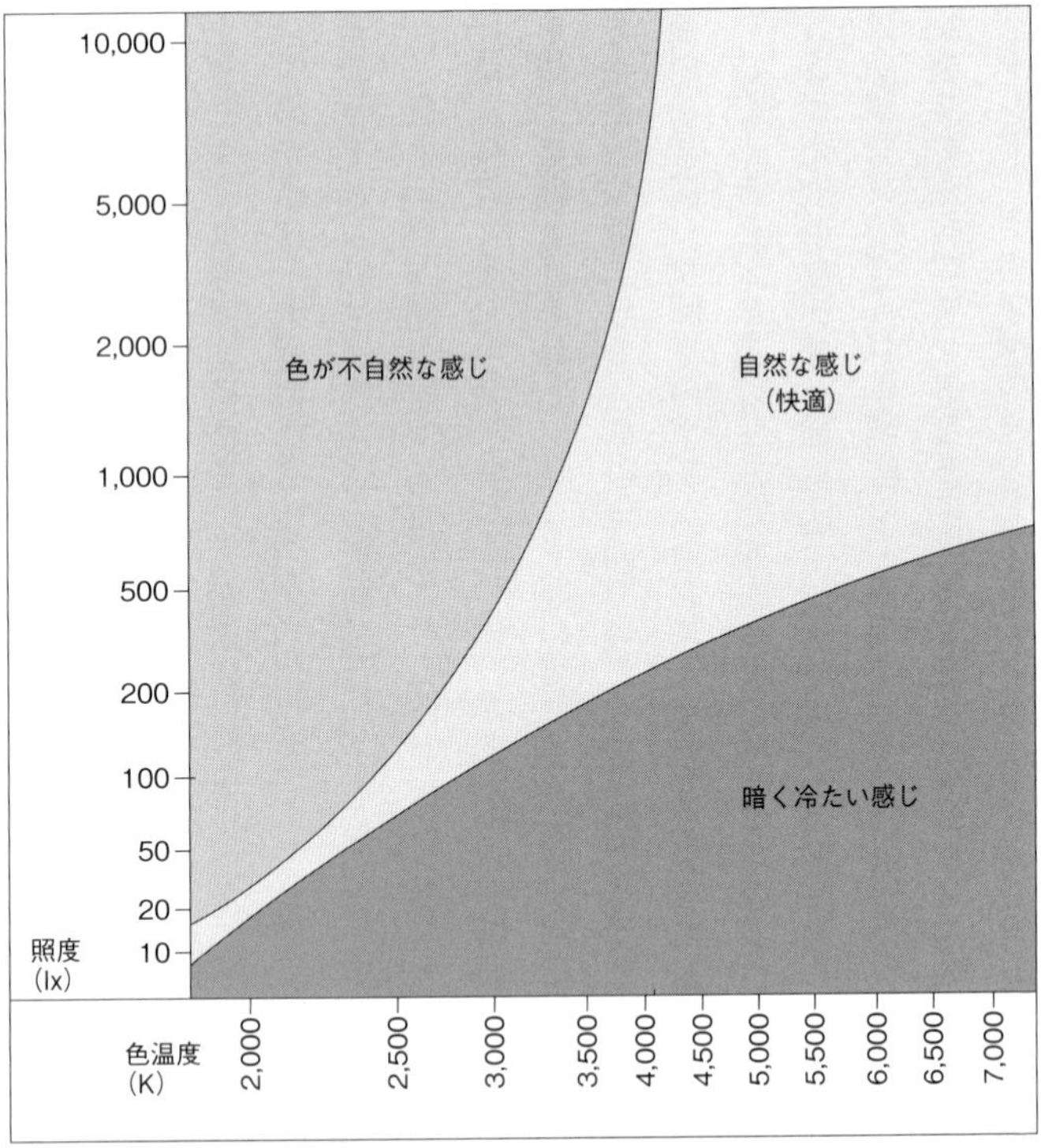

図 8　色温度と照度の快適性（クルーゾフ、1941 年）

図 9 光源の高さと安らぎ感

うな照明器具に至る。床置きの照明器具というのは空間を機能的に照明するには不向きだが、昔の民家にあった囲炉裏に燃え盛る裸火のように、最も人を引き付け暖かい会話を生み出すためには最良の位置とも言えるのである。私たち照明デザイナーがホテルの客室や高級レストランなどで、できるだけ光源の位置や照明されて輝く内装の位置を低く抑えようとするのは、この落ち着き感を出したいためなのである。このような光源色と落ち着き感については室内空間ばかりでなく、屋外照明の手法でも同様な理屈が成立する。車のための機能的な照明は10m近辺のポール灯などが多用されるが、歩行者用の落ち着いた屋外環境をつくるには、路面から1m内外のボラードと呼ばれる低位置照明に頼ることがしばしばだ。照度、色温度、光源の高さ、という3種類の要素も自然光から学んだ大切な摂理なのである。

ガード下の赤提灯

照明デザインが自然から学ぶべきことは枚挙にいとまがないのだが、今は都市生活の中で自然界のルールに従っていないばかりに大変損をしている例を追加して紹介しておこう。まずは光の横には影があるというルール。当たり前のことではあるが、日本人の生活空間では光の横に影がなく光の横にまた光、光、光……、という均一な光環境が散在している。住宅照明も部屋の隅々まで均一に、どこに寝転んでも新聞を読めるほどの明るさであることが不自然だとは感じていない。駅舎な

図10　にぎやかな赤提灯の飲み屋

図11　はやっていない蛍光灯の飲み屋
（有楽町ガード下）

どの交通施設も徐々に改良はされているが、いまだほとんどがスポーツ施設のように均一に影のない環境だ。光と影とが共存する景色。これが自然界の教える快適で美しい光環境の基本であることを思い返したい。また東京有楽町のガード下に群れなしていた赤提灯の飲み屋さん。客がたくさん入ってにぎやかにしている店は昔ながらの渋い赤提灯と白熱ランプの照明だが、その中にあって白色蛍光ランプ1本で営業している小さな店があったので、その店のおばさんに「白々していて陰湿な雰囲気だから、せめて蛍光ランプを電球色にでもしてみたら……」とアドバイスしたことがあったが、「余計なお世話だよ」と怪訝な顔をされて失敗した。おばさんの店はあまり長くもたずに閉店した様子だったので、もう少し粘って客が落ち着くための自然界のルールを主張すればよかったのだろうかと反省している（図10、11）。

●思想5　光は時を視覚化する

光のデザインは時のデザインと最も近い関係にある。例えば音楽に見られる旋律や音の強弱の流れは、眼を閉じていてもなおさら強く、時のデザインを感じさせるが、日常生活の中では音の流れより10倍以上も効果的に、光の変化が時間の流れを象徴している。時の停止が死を意味するように、変化のない光環境に身を委ねることほど苦痛なものはない。光のデザインは常に快い時の流れを組み立てる仕事でもある。光は時を視覚化するためのものに他ならない。

安定して均質な照明

電気エネルギーを使う以前の生活では、常に太陽の光がその強さや色温度や影のつくり方を変化させ、夜と昼のリズムを刻んでいた。夜になると灯火によるあかりは不安定に揺らめきながら燃焼し寿命を全うするものであった。つまり安定した変化のない自然光など存在しないのだ。しかしながら近代の電気エネルギーの照明利用は、ひたすら安定した変化のない電力と光を追い求めてきたために、均質な時間が横滑りするような現代生活が当たり前になってしまった。それはまず工場やオフィスのように時間を忘れて均質に働く環境には大変ありがたいことである。安定した電力と光は昼夜を忘れて働くオフィスやコンビニエンスストアのような過酷な労働環境では一定の成果を発揮してきたが、生理学的には24時間半を刻む体内時計の働きに支障をきたし労働災害とまで言われるに至った。

「時の静止した環境では生態系のリズムが壊される」、そのような言葉が会社組織の管理者からも聞こえてくるようになってきた。昨今のスマートオフィスなどでは、蛍光ランプやＬＥＤによる全般照明でさえ、点滅や調光制御をかけて一日の労働時間に照明環境の変化を取り入れたり、朝と夕刻とで色温度を変化させたりして、作業性の向上を図るところも出てきた。

不均質な快適照明

私は均質で変化のない光環境でなく、いかに不均質でありながら快い変化の伴う照明設計をするかが建築照明デザインの課題だと常に考えている。光の細かい時間変化は数秒の単位ですら現れる。すなわち光を点滅するときの０〜１００％までのフェードタイム（立ち上がり時間）などもその一種だ。点滅のスイッチのオンオフ時に、瞬時についたり消えたりするのではなく、点灯時にはゆっくりと０〜１００％まで立ち上がり、消灯時にも徐々に時間をかけて消えていくことの方が自然なのだ。一日24時間の時間の流れをスムーズに計画することも大切で、昼に太陽光が活躍し、薄暮に昼と夜が交差する時間を演出し、夜から人工照明の支配する時間が訪れたときにさえ、時の流れを視覚化するための細かい情景変化をプログラムしていくことに理があると考えている。これらのことは人工照明による生理的弊害を最小限に抑えるための照明デザイナーの良心でもあろう。

この流れは商業施設環境ではさらに顕著で、一日の光の変化にとどまらず、平日と週末との間の情景変化や、もちろん四季に合わせた季節感の演出、さらには年間の祝祭時などを祝うプログラムの活用などを、オペレーション・プログラムとして組むこともしばしばである。照明デザインのプロポーザルにあって、その変化のシナリオ自体が重要課題になる場合もある。それをもって私は「光のデザインは時のデザインだ」とも語っている。

光のカーペットを敷き替える／クイーンズスクエア横浜

「時を視覚化する」、というコンセプトは私のプロジェクトでさまざまに表現され運用されているが、実利を挙げた3種類の事例を紹介しよう。ひとつ目は1997年に竣工した「クイーンズスクエア横浜」というオフィスと商業と文化施設をつなぐ300mに及ぶ公共モールの照明だ。屋内の公共通路でありながらトップライトから昼光がたっぷり入ってくる環境なので、一日の光環境は劇的な変化を見せる。私たちはこの半屋外的な環境に気持ちのよい時の流れを計画することで、24時間利用できる公共モールをつくりたいと考え、光の変化をオペレーション・ダイヤグラムという一覧表にして説明した。その中で最も顕著に活躍し、この環境を個性的に演出しているのが、「光のカーペットの敷き替え」であろう。昼には支配的な太陽光が入る環境が、夕暮れになるとモールの天井部に配置されたスリット内のスポットライトが点灯し、約10mの幅員の床面に光のカーペットを敷いていくのである。全ての通路を均一に明るく照明するのではなく、光のカーペットを長手方向に不均一に敷いていくことで、ここを通過する人びとに自然な歩行の流れをつくることを意図している。そして、夜が徐々に更けるに従って、この光のカーペットは敷き替えられ光の照射パターンを変化させていく仕組みになっている。この敷き替えが行われるときには金属的な環境音が流れて、人びとに時間の流れと光の変化を知らせる役目を果たしている。このプロジェクトは竣工後17年も経過するが、今でもこの光のカーペットが活躍している様子でありがたい。「クイーンズスクエア横浜」に夜間にも気持ちのよい時の流れが視覚化されていることを喜びたい。

24時間都市／六本木ヒルズ

ふたつ目のプロジェクトは「六本木ヒルズ」という2003年に竣工した大規模な地域再開発のプロジェクトだ。11・6haという広大な敷地に24時間の活力と表情をもつ新しい街がつくられるときに、街全体の光環境が夜間にどのように変化していくべきなのかが照明計画上の大きな懸案事項であった。事業者の森ビルも24時間それぞれの顔をもつ街づくりを目指していたので、私たちは敷地全体に散らばるあまたの屋外照明設備を一切無駄にすることなく、夜間のオペレーション・ダイヤグラムに組み込んで中央制御する計画を提案した(図12)。住宅の居間に見られる照明のシーンコントロールのような設備を街全体の屋外空間にまで広げて展開しようとする試みだ。街の夜景が夜の時間帯にどんどん変化する。この変化は時を視覚化するという概念だけでなく、かなり現実的に省エネルギーの効果を呼び、サステイナブルな街づくりに貢献することになる。今や光の調光制御とその情景変化は屋内環境だけでなく広域な地域開発全般に適応される時代を迎えている。

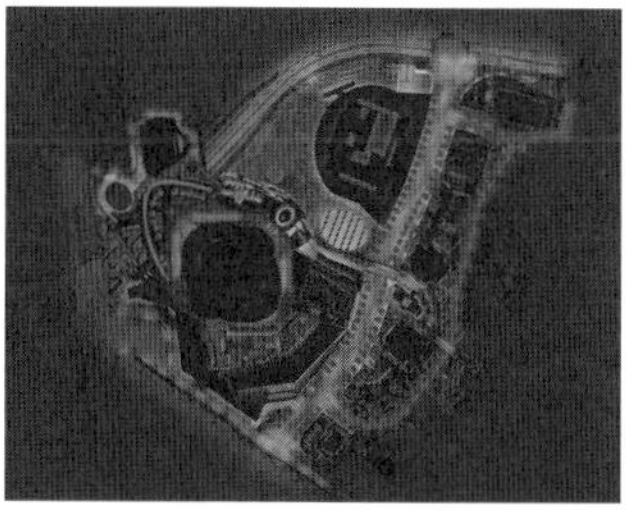

6:00p.m.–8:00p.m.

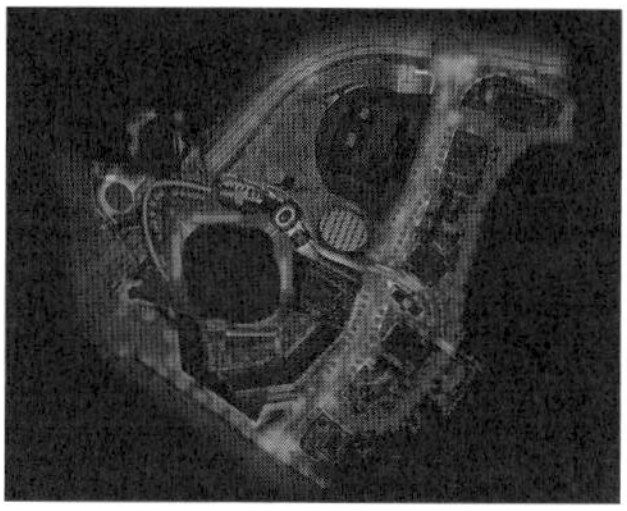

8:00p.m.–10:00p.m.

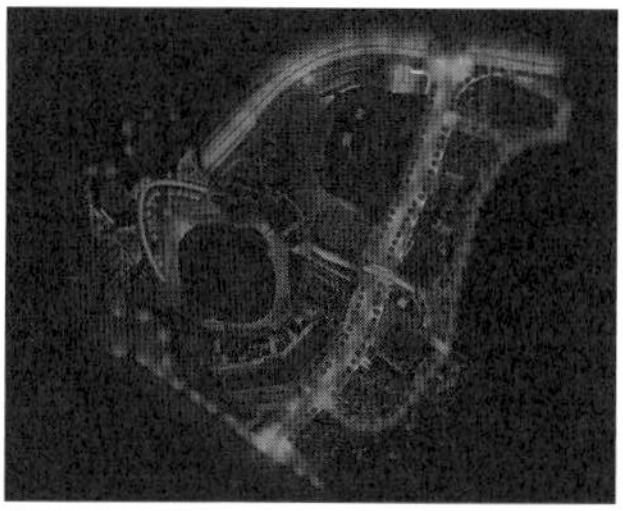

10:00p.m.–0:00a.m.

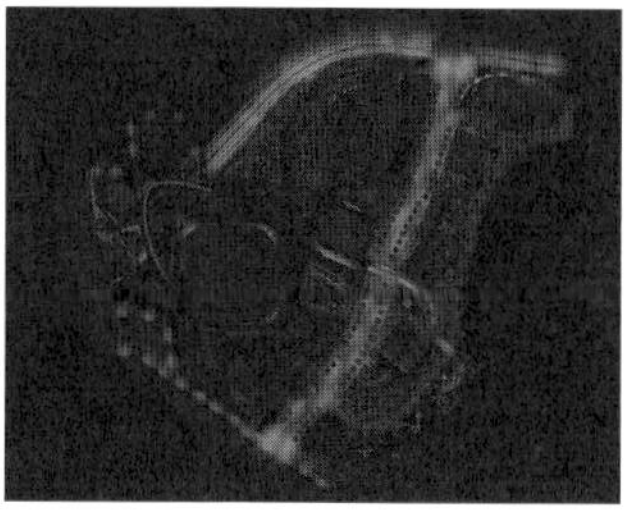

0:00a.m.–5:00a.m.

図12　六本木ヒルズのオペレーション・ダイヤグラム

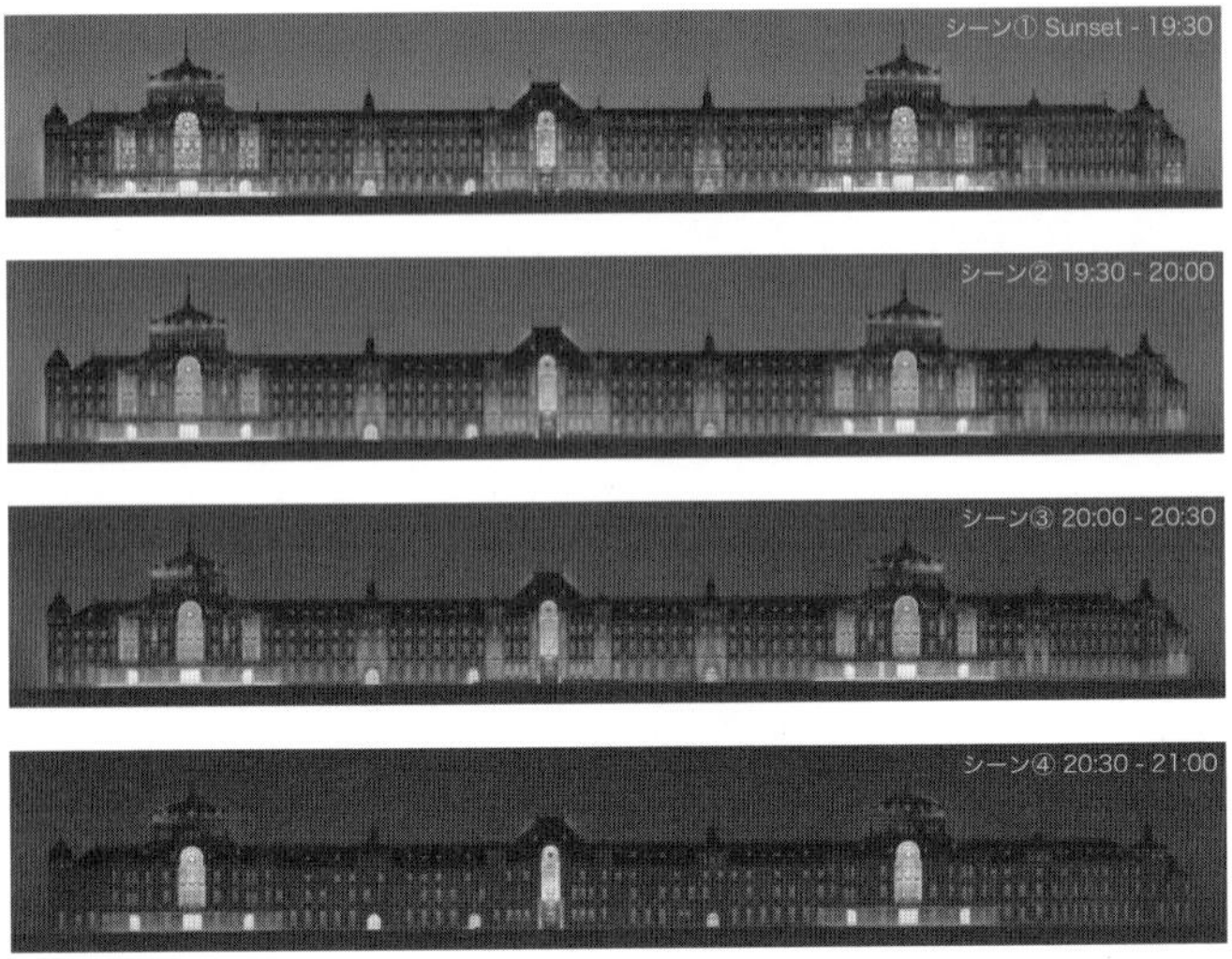

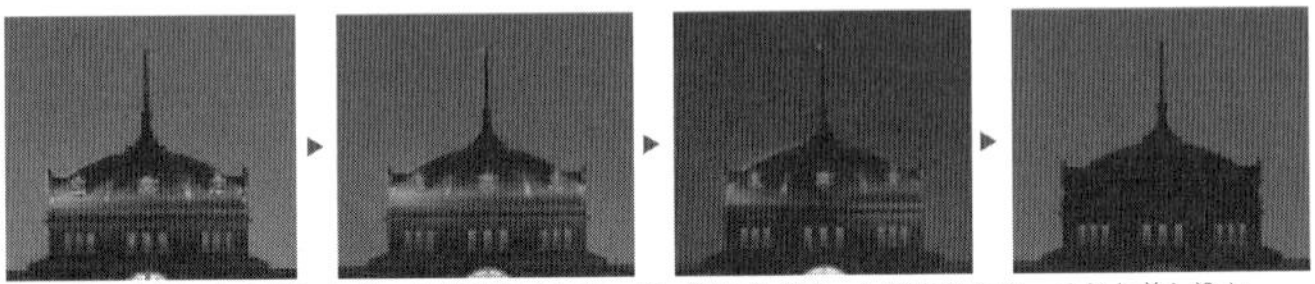

「月の満ち欠け」を表現したドーム屋根ライトアップ。青い光がドーム後方からゆっくりと差し込む。

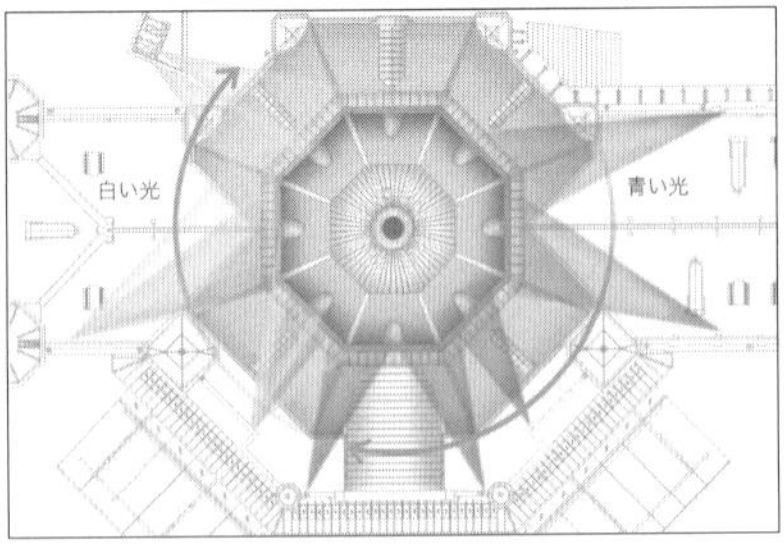

図13　東京駅丸の内駅舎での情景変化

表情を変える駅舎／東京駅丸の内駅舎保存・復原

３つ目の「時の視覚化」のプロジェクトは２０１２年に竣工した「東京駅丸の内駅舎保存・復原」のプロジェクトで、１００年前の歴史的建造物が再現されるときに、その和やかな景色が多彩に変化して街の景観の重要な要素としての役割を果たすことを期待したものである（図13）。南北４００ｍにも及ぶ東京駅丸の内駅舎のファサードには６種類の照明要素が複合されているが、それらの要素が夕暮れから夜９時までの時間帯に刻々と変化して異なる表情を提供している。それらの変化はゆったりとした時間の中で起こるので東京駅周辺に立つ人びとには太陽の光が徐々に変化しながら日没を迎えると同様に、夜の深まりを認知することになる。

すなわち、時を視覚化するという概念は素早く派手な光の変化ではなく自然な「移ろい」を夜間にも伝える手段なのだ。夜間に昼間と異なるもうひとつの景色が描かれるとすると、その景色でさえ時の流れの中で快く移ろっていってほしいと願うのである。

●思想6　空間の機能が光を選択する

建築照明デザインの手法やアイデアは、ある日偶然に思いついたり、突飛な出来事に触発されて突然に生まれることはない。特に建築空間はさまざまに要求される空間機能の集合体なので、分割されたそれぞれの空間にそれぞれ要求品質や機能があり、そのための光の機能が要求されている。クライアントから「どうしてこのような照明を考えたのですか?」というデザイン根拠を質問されるときに、「こんなことがしたかったので……」とか「これ格好いいから……」とか「好きだから……」「流行っていますから……」というような答え方を私はしたことがない。説得力をもつ回答とは、自分の趣味趣向によるものではなく、そこを利用する人びとの喜びや利益に基づいた論理であるべきだ。その点でまず、建築照明は与えられた空間の諸機能を紐解き、それを満足させる光の機能を探ることから始めたい。

美術館、レストラン、住宅での機能

例えば美術館の光環境を例にとってみよう。日中の太陽に照らされたエントランスからレセプションホールへと入る。エントランスは入場者が灼熱の太陽にさらされて入館するときも、眩しさに瞳孔を絞らせることがないように、グレーから黒にかけての低い明度の床材を必要とする。レセプ

ションに立ち入ったときには外の明るさとの快い対比やバランスを考慮した照度が求められ、壁面の輝度を上げて明るさを緩和する処置も必要となる。当然、美術館のインフォメーションや入館窓口に自然に視線が移るようであるべきだ。ホール内で少しの時間をかけて目を順応させると、次には展示室に至るまでにさらに低い照度に順応するための光の仕掛けが必要になる。通常では100～300ルクス程度の壁面照度で絵画を鑑賞できるが、版画や水彩画のような損傷係数の高い作品を鑑賞するには、50ルクス以下の低照度な展示室に導くこともある。ここでも順応を考慮して十分明るく感じながら作品鑑賞できるように設えてある。これらの一連の照明手法は美術館という鑑賞空間での出来事だが、このような光と空間機能は全ての種類の建築や都市空間に当てはまる。

高級なレストランと安価なファストフード・レストランでは要求される光の品質も異なる。滞在時間の長いレストランではゆったりとした時間を与えるために少なめの照度で色温度の低い（暖かい色の）光が求められるが、客の回転数を上げなければならないレストランではその逆の品質を計画する。高い照度と色温度の高い（白色の）光が基本だ。これは和食の店と中華料理店とイタリアンレストランとの間の照明計画の違いにもつながることは言うまでもない。和食の店はイタリアンレストランのような強い光と影や光沢感を演出する照明手法は大敵とされる。このように商業空間において照明は空間の機能だけでなくビジネス運営上のプログラムにも直結しているのかもしれない。

さらにわかりやすく住宅照明を例にとって解説すると、住宅を構成する諸室、例えば居間、食堂、

●代表的な行為　○主な行為　△補足的な行為										
行為別	A	B	C	D	E	F	G	H	I	J
空間別	話・聞	読・書	聴	視	飲・食	想・考	働	寝	遊	移・歩
1 リビングルーム	●	○	○	○	○	○	△	△	○	
2 ダイニングルーム	○	○	○	○	●	△	△		○	
3 寝室	○	○	△					●		
4 子供部屋	○	●	○			●	○	○	○	
5 和室・老人室	○	○		○	○	○	○	●		
6 キッチン					○		●			
7 洗面所				○		△	●			
8 バスルーム	△					○	●			
9 トイレ		△				○	●			
10 ユーティリィ		○				○	●			
11 玄関	●									○
12 廊下・階段										●
13 庭	△			●	△	△	○		○	○

図14　住宅の各部と生活の行為

厨房、寝室、書斎、子供室、洗面所、風呂、便所、玄関、通路など……、どれをとっても求められる空間目的や作業上の諸機能が異なる。その異なる諸機能に対して光の機能や光環境のあり方を探らねばならない。例えば居間はさまざまな家族のコミュニケーションを生むための光が必要なので、明るさの量をフレキシブルに選択できる機能が不可欠であり、基本的にはくつろぎのための光環境を目指すべきである。それに対して書斎や子供室、そして厨房などではくつろぐことより必要な作業性が要求されるので、今より高い照度や緊張感を与える白色光も使用される。風呂や便所などは微妙なところで、必ずしも体を洗ったり排せつをしたりという作業だけでなく、ある種のリラクゼーションを求める場合もあるから、これもフレキシブルに光を可変させる工夫が望ましい（図14）。

5つの光のチェックリスト

このように注意深く観察し議論を深めていくと、全ての建築空間や都市空間に微妙に異なる要求機能があり、そのために求められる光の品質が説明されねばならない。

光の品質のチェックリストとして私が常に気に留めているのは次の5種類の項目だ。

①実効的な明るさ（水平面照度）
②感覚的な明るさ（鉛直面輝度）
③光源の位置（室内での光源の高さ）
④光の色味（色温度）
⑤光の変化（調光制御機能）

これらは人間の生理や心理に深く影響を与える要素なので、機能空間においてそれぞれにどのような指標や数値に設定するべきなのかを吟味したい。上記の5種類の他にも、物の色の再現性（演色性）、光と影との使い方（均整度やコントラスト）、楽しさや演出性、といった要素も副次的に追加されてしかるべきだろう。

シンガポール最高裁判所の場合

私の実務の中で空間の機能や光の機能、そしてそれに対する照明システムの性能に最も厳しい建築設計者は英国のノーマン・フォスター・アンド・パートナーズであった。住宅、オフィスビル、最高裁判所という3種類のプロジェクトを協働する機会に恵まれたが、その中でも最も空間機能と照明システムの性能に対して厳格な品質が要求されたのは、「シンガポール最高裁判所」のプロジェクトだ。ここでは建築の美学的表現はもとより、23種類もの異なる裁判室の室内照明について、理論の構築とたび重なるモックアップ照明実験を繰り返しながら照明デザインが完成した（図15〜17）。

地下2階、地上9階の建築には大小23の裁判室と33の判事や弁護士の事務室の他にオーディトリアム、バー、図書室、ギャラリーなど、さまざまな機能の異なる施設が混在して配置されている。クライアントからの要求品質を列挙してつぶしていくだけで大変な作業量だったが、とりわけ各種の裁判室については通常の事務空間に求められる机上の諸作業の他に、裁判の記録のためのビデオ撮影の要素も入り、机上面照度だけでなく表情をきちんと判明するための鉛直面照度を部分的に確保しなければならなかった。この鉛直面にグレアを与えず適正照度を確保することと、机上のモニター画面に対する映り込みをなくすこと、さらに私たちは机上面照度も均一に採るのではなく、周辺照度を300ルクスに抑えることなどの快適性を主張したので、空間と光の性能には細かい矛盾をクリアする努力が必要だった。照明手法を決める時の論理と、たゆまぬ現場での実証実験なしに「空間機能が光を選択する」という思想に至らなかっただろう。

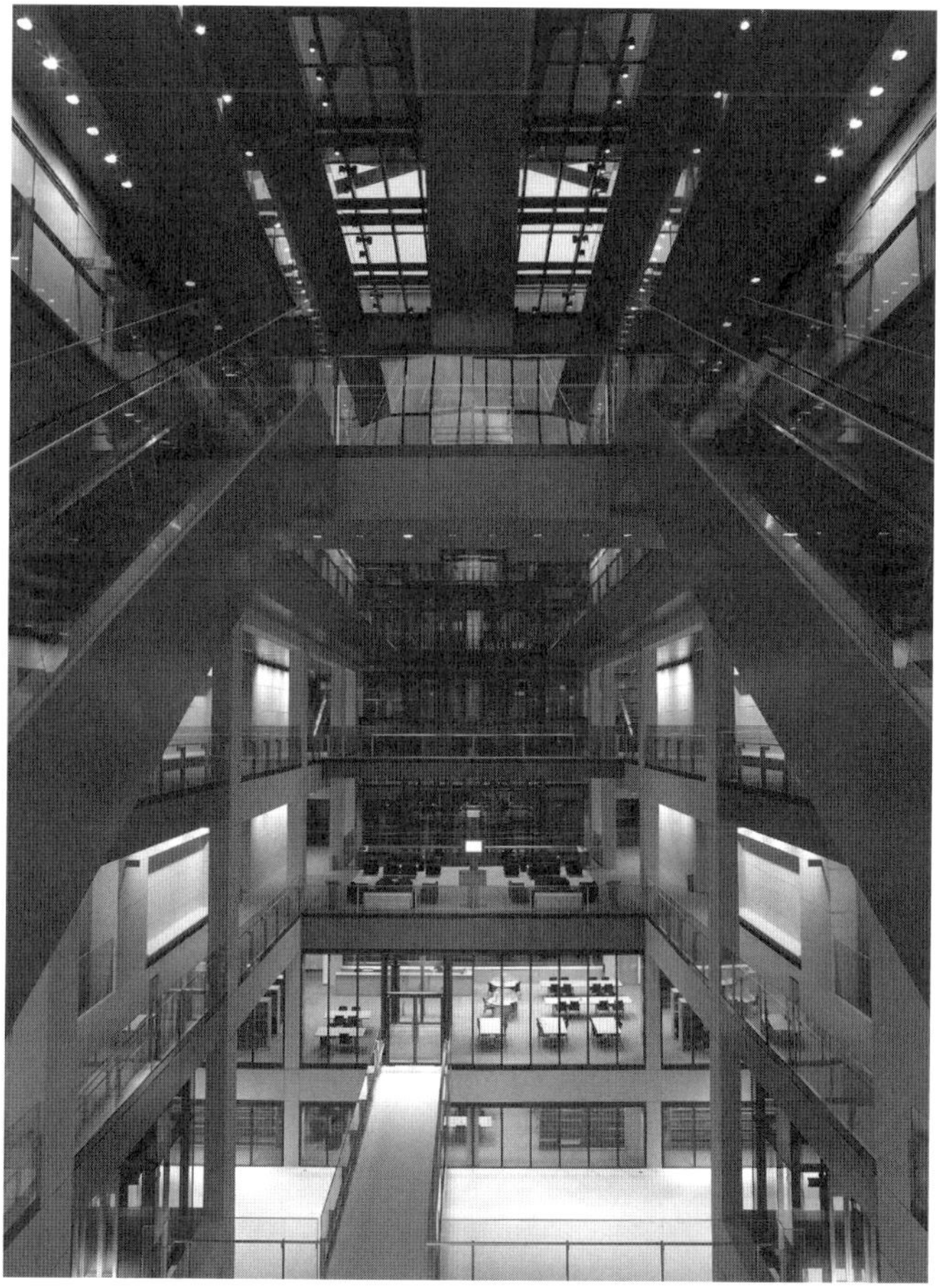

図15 シンガポール最高裁判所のアトリウム夕景

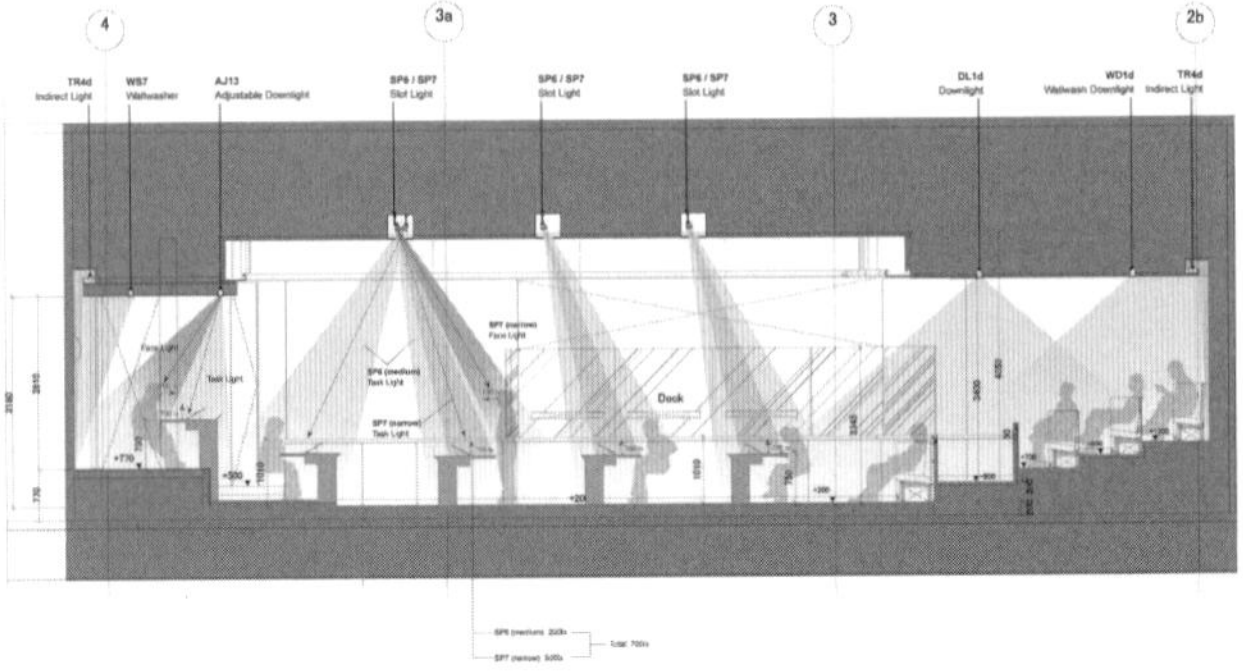

断面図

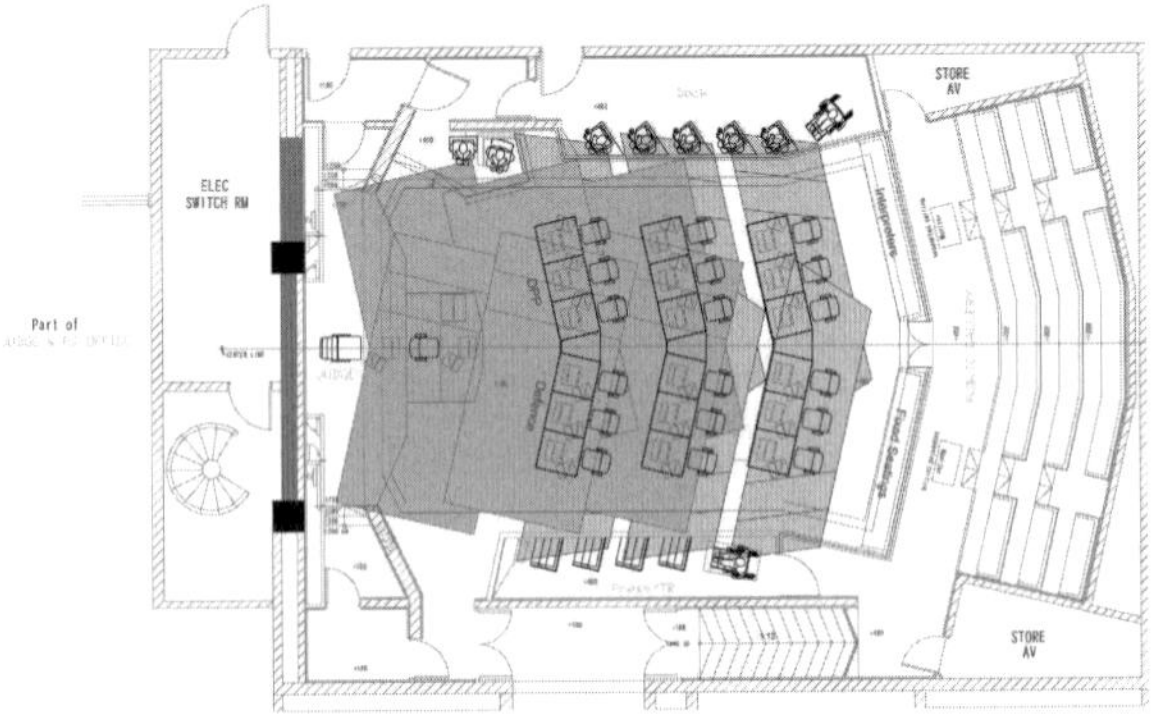

平面図

図16 シンガポール最高裁判所の裁判室照明配置概念図

図17 シンガポール最高裁判所の裁判室

●思想7　光は機能を超えて気配を創る

空間機能を深く満足させた光環境と建築空間には、それだけで心打つものがある。働くための機能を最大限に追求したオフィス照明や、気の知れた仲間と会話を楽しむための光、にぎやかな食卓を演出する光、静かに祈るための光、音楽を聴き瞑想にふけるための光など。人間の生理的な機能ばかりでなく心理的な機能にまで丁寧に対応する照明手法こそ、建築照明の真骨頂と言えるのである。

しかしその機能を充足するための設計論理を超えて、照明デザインの最終目的は不可思議な「気配」の実現にあるのではないだろうか。気配とは説明がつきづらいものの総称である。気配を明確な言葉で語ることが難しく、それ故に感じることのみ許される世界だ。新鮮な気配を意図することが建築照明デザインの最終目的ではなかろうかと思う。

気配の正体

屋外の自然環境は常に自然光や風や周囲の匂いに満たされているので、この気配を十分に感じ取ることができる。遠くでかすかに川が流れる水の音を聞きながら、樹木の間をすり抜ける風には季節に合った植物の香りが乗ってくる。それを感じていながら視覚的には細かく揺れ動く木洩れ日に目を奪われ、靴の底では土の柔らかさや石ころの険しさも感じている。これが山歩きの気配だ。このナチュラルな感覚が交錯する素晴らしい気配を、人工的な室内や夜の都市空間にも伝えることができないかと願うのだ。

私たちは一瞬にしてその場の気配の違いに気がつくことがある。「何だか変だぞ、空気が違うな」というふうに。また、長い時間を同一空間で費やしてからやっと「う〜ん、この居心地の良さは何なのだろう」と思うこともある。そのどちらも［空間の雰囲気＝場の空気＝気の流れ＝気配］のようなものを意味しているのだ。気配は光―色―音―匂い―風―温度―味―肌触りなどの幾つもの知覚作用が混じり合うことによって創り出されている。であるから照明デザインがこれ見よがしな態度で視覚のみに訴える仕事をすると、見ただけですぐ「照明デザインが力入っているな」ということになるわけで、この得体の知れない気配を醸し出すには至らないことが多い。建築照明デザインはそうではなくて、目立たずに気配を感じさせるようでないといけない。漂う空気を感じとらせなければならない。さまざまな気配を敏感に感じ取れないデザイナーには、人びとを感動させるような新鮮な気配を創ることはできるはずもない。

新宿アイランドの場合

私の仕事の中で、とりわけこの気配にこだわったプロジェクトがあった。１９９５年、東京西新宿に出現した「新宿アイランド」という超高層ビルの足元につくられた屋外の複合商業施設である。当時の住宅・都市整備公団からの依頼で、オフィスビルの足元の公開空地を年間通じて活気のある広場にデザインすることが求められた（図18〜20）。

直径30ｍの地上階から見下ろされるサンクンガーデンには季節を感じる4本の大きなケヤキが植えられて、周囲の飲食店のにぎわいをこの円形広場が受け止める役割をしていた。私は照明デザインを依頼してきたクライアントにもちかけて、光のデザイナー、サウンドスケープ・デザイナー、家具デザイナー、植栽デザイナー、香りのデザイナーという5種類のエキスパートが参加したデザインチームを組み、常に移り変わる気配のデザインを提案することにした。サウンドシステムは田中宗隆さん、家具デザインは水戸岡鋭治さん、緑は日比谷花壇、香りは資生堂の香料研究所が参加してくれて、商業プロデュースを島村美由紀さんが担当した。皆さんの氏名の頭文字にＭが入っていたので、私はこれをチームＭと名付けてクライアントに紹介した。

私たちはまず、新鮮な気配を創るためにお互いに重複する感覚の刺激について話し合う。環境音が奏でられると光がじんわりと変化し、光が徐々に消えていく情景の中でルナと命名された香りが広場に漂い出す。4本のケヤキだけでなく周囲のプランターをにぎわす緑は当然、都会の四季を色濃く演出し、彫刻的な形状をもつ揺れ動くパラソルのキャンバスも多彩な色彩に変化して場を変容させる。一日の流れ、一週間の流れ、一年を通じての四季の変化などに、それぞれのデザイン要素が対応しオーケストレーションした。

図18 新宿アイランド サンクンガーデンの俯瞰

図19 新宿アイランド全景

図20 新宿アイランドで語り合う人びと

夕刻を迎え、茜雲の後に真っ青な残照が支配する頃、サンクンガーデンに立つオベリスクが真っ白に照らされ始めた。と同時にオベリスク上部にデザインされたカリオンが音を発して夜の訪れを知らせ、その下の小窓に仕込まれた投光器からは円形広場の中心をめがけた一条の光が注がれる。薄暮にカップルが集うためのドラマティックなステージが完成し、ここへアプローチする階段の上部からは、ここのためにデザインされた香りが時折噴霧され風に乗ってランダムに届けられている。このように隠された細かい演出上のプログラムは、とりわけ説明されない限りには人びとにとってまったく知る由もない。

このプロジェクトは少し気合いが入り過ぎたので、深遠な気配のデザインと豪語するまでには至らなかったが、場のにぎわいを五感に訴える複合的なプログラムによって実現したことには大きな成果があった。少なくとも私たちデザイン担当者は、この隠れた挑戦の意味と成果を自己満足的に吹聴したものだった。

気配のデザイン、究極のゴールではあるがたやすく得られるものでもなく、謙虚に道を究める努力をするしかない。気配の正体が明確に語れないうちには、できる限りたくさんの洗練した気配を求めて世界中を旅するしか方法はなさそうだ。

●思想8　場の連続性にこそドラマが生まれる

人間は常に時の流れや連続する行為の中で感覚的に快適性を図っている。とりわけ前後の刺激の質やつながり方は顕著である。例えば、甘いお汁粉を食するときに、ふた口ほど小豆の甘さを味わうと、次には隣の小皿の塩昆布などをつまみ、少しの塩気で舌を戻した後にまた甘く美味しいお汁粉に箸をすすめる。塩気を挟むことで甘さを十分に堪能する技であろう。また、フォルテシモの大音量の後は突然消え入るような微かな音が待っていたり、弦楽器の柔らかな調べが止むとにわかに管楽器の雄叫びがやってきたりする。そのように連続する前後の刺激のコントラストによっておいしさや快さの品質がつくられている。

それと同様に光の心地良さも前後の光体験の対比と調和の中に成り立っている。明るい空間から暗い空間に突入するか、またそれとは逆に暗い室内空間から急に明るい太陽光が降り注ぐ屋外空間に足を運ぶか。また壁面のみが照明される美術館の展示空間を出ると天井から降り注ぐ真っ白でたっぷりな光のアトリウムに至るとか。照明設計ではその連続する光体験のシナリオが大変重要な意味をもつ。

光の紙芝居

私は照明デザインの手法を発想するときに、まず建築設計上の構造を理解した上で、眼を閉じてバーチャルな歩行体験を繰り返すことがある。「上からの直射光を浴びながら5秒間かけて歩を進めると次に輝く壁の空間に至る。そこでは壁が輝いているだけで天井にはダウンライトのひとつも見当たらない。それを右に曲がりドアを押し開けると突然、自然光を思わせる光天井の明るい部屋に到着する。20秒ほどその明るい空間から外の庭の光を眺めた後に今度は左の通路に向かい適度な明るさの中を10秒ほど歩いていくと、再び全ての光を吸収するかのような細長い空間に入ってしまう。そこの暗さに順応するために最低10秒ほどはかかった……」というように。

それは「光の紙芝居」をつくるようなものである。光の紙芝居をつくると建築と人とのドラマが見えてくる。時の変化と同様に、空間を移動する視点は光の種類を前後左右へと絶えず対比しながら建築空間を賞味している。その前後左右の視線の移動や視野の展開こそが重要なのであろう。場の連続性に留意したシークエンシャルな照明設計をせざるを得ない理由がここにある。

美術館に見られる連続性

場の連続性が最も試される建築空間は美術館や博物館などの展示空間と、ホテル、旅館などの各種ホスピタリティ空間、そして夜間に人びとを招くための屋外アミューズメント施設などである。

とりわけ美術館は一般的に展示室の鑑賞ルートが設定されていることが多いために、空間のつながり方や連続のさせ方が設計の重要な要素となっている。オランダ、オッテルローにある「クレラー=ミューラー美術館」などは、展示室を巡るだけでドラマ性の高い小旅行をしている気分にもなれて優れた建築設計として印象的だ。全般的には豊かな周囲の自然を取り入れるために外光を採り入れる空間が多いが、さまざまな種類の展示空間にはそれぞれに丁寧な照明計画がなされていながら、その空間を結び付けるための光の連続性に長けている。この美術館を訪れる人びとは巡回する楽しさをその光の刺激量（視環境の対比）のバランスの良さの中に感じることができるのだ。多くのゴッホ作品はもとより、ジャコメッティの展示の妙にも心奪われる美術館である。

私たち建築照明デザイナーの技量を図る建築も美術館ということになっている。照明デザインを組み立てるときの条件やプログラムが多岐多様にわたるからであり、鑑賞者の立場のみならず、展示を組み立て美術品の保護にあたる学芸員や、建築設計を特化しようとする建築家の立場などにも配慮しながら光のデザインを進めていかねばならないからだ。まずは美術品の保護、鑑賞の快適性、そして空間の快適性、というように何重にも照明デザインに対する機能要求事項をクリアにしていかねばならない。鑑賞のための場の連続性を創り出す光。それは、多くの要求事項の中に潜んでいる重要項目であると考えている。

これまでに私が経験した美術館や博物館の照明は大小30プロジェクトほどになるのであろうが、

場の連続性という意味で苦い経験も伴いながら竣工したものとしては初期の頃に設計担当した韓国「国立中央博物館」（当時）がある。

韓国「国立中央博物館」は私が照明デザインの仕事に就いて数年後の1981年に行った照明改装計画である。当時この改装計画を監修したのは韓国の建築家・金壽根《キムスグン》氏であったが、彼は照明系計画が重要だと主張して当時私が勤務していた照明デザイン会社のＴＬヤマギワ研究所に協力を依頼し、金氏と東京藝術大学建築学科での学友だった宮脇檀さんたちの指導の下に私がこの照明デザインを担当させてもらった。この改装プロジェクトで問題になったのが、展示室を巡回するときの場の連続性であった。無防備な採光計画と反射率の高い内装素材のために、極度に明るい場所に順応した鑑賞者の視覚には快適な視環境が得られていなかったのである。とりわけ美術館のエントランス空間には床に白い大理石が敷き詰められ、それを照射する直射日光の影響で、来館者にはエントランスの中が極度に暗く感じられていた。それらの課題を修正するために、エントランスの照明設備を刷新するだけに留まらず、建築内装素材の変更改修なども要求した。美術館における快適な場の連続性は、時に照明器具や手法の問題だけでなく、建築素材の使い方に起因する場合が多い。連続する空間体験が床面照度ではなく鉛直面輝度に準拠する場合が多いことに由来するのだ。

ホテルのシークエンス

ホテルの照明施設として場の連続性を説明できるものはあまたあるが、特に昨今多く見られるものが、高層ビルの上階に計画される高級ホテルでのシークエンスである。私は最近、東京の「コンラッドホテル」、香港の「ＩＣＣ（インターナショナル・コマース・センター）」に入る「ザ・リッツカールトン」、そして今竣工を迎えた「アマンホテル東京」などの高層ビルに入る高級ホテルでこれを経験している。これらの多くは1階にホテル専用の車寄せをもち、そこの出迎えエントランスから高層用の専用エレベーターで上階のホテルロビーへ案内する。そしてロビーでのチェックインを済ませた後には客室階に向かうための客室エレベーターホールを通過して閉鎖的なエレベーター内部、そして客室階ロビー、通路を経て各自の客室内部へと目線が移動する。このそれぞれの空間での明るさ感や色温度や光源の位置などが重要になる。それらのつながりがスムーズに計画された場合のみ、ホテルの利用客にとっての高い満足感が約束されるのだ。

明治神宮の夜間参拝

また、屋外空間での場の連続性としては２００８年に行った明治神宮の夜間参拝のプロジェクトが挙げられる。明治神宮御社殿復興50周年記念「アカリウム」と題されたプロジェクトで、「美しい闇」をテーマに明治神宮内に芸術的な光と闇のデザインがなされ、原宿口神宮橋から本殿に至るまでの約15分間の歩行体験を、ドラマティックな視環境を連続させることによって構成した（図21）。

原宿口からの人びとはまず８kWのキセノンライトが立ち上る光の鳥居を通過し、１２００個の提灯の背後に仕込まれたＬＥＤのバックライト（オーロラ行燈）の前に至り、そこから、青い光の絨毯が敷かれた南参道、森の精を感じる神橋《しんきょう》、献酒棚《けんしゅだな》、大鳥居、そして建物の内部からのこぼれる光を大切にデザインした南神門、外拝殿と続き、最終到達点としての本殿に至るのである。この一連の光のシナリオが「闇のライトアップ」と名付けられた明治神宮の夜間参拝を特別なものに仕立てたに違いない。「場の連続性にこそドラマが生まれる」と私が主張するゆえんである。

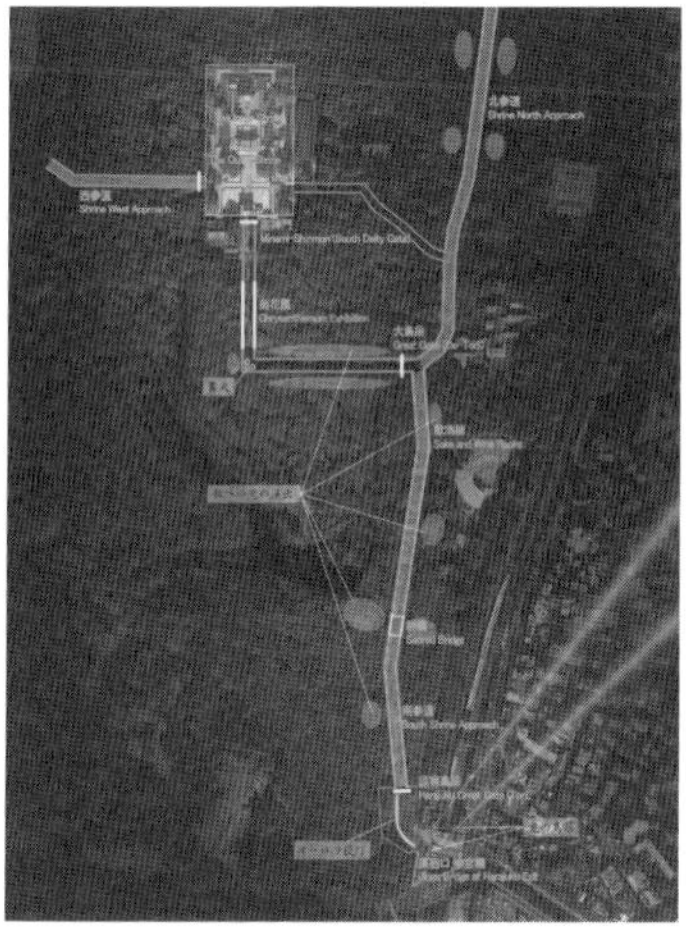

図21　明治神宮「アカリウム」夜間参拝、平面配置図

●思想9　光は常にエコロジカルである

光のデザインは生態学的な見識をもってされるべきである。つまり光は全ての生物の生活の中で第一優先順位をもって作用するから、生活環境との調和なしで照明デザインを進めることは甚だ危険なことでもある。小動物や植物なども含んで、生態系を崩さない夜間照明への配慮や、地球エネルギーの有効利用も重要な課題なのだ。であるから建築照明はわずかな光とローコストをもって、最大の快適性を約束するための知恵を働かせる仕事でなければならないと信じている。

光害をなくせ

私は1985年頃から光害を公害とかけて「コウガイ」と発音して糾弾していたので、環境省が1998年に「光害対策ガイドライン」を「ヒカリガイ」と読ませて発令したときには、やっと日本の社会が重たい腰を上げて動き出してくれたことに感謝したものだ。それより10年ほど前には、すでに岡山県美星町《びせいちょう》などで「光害防止条例」なども発しているが、これは照明デザインの関係からではなく、星空を守りたい天文学者たちの運動から展開したものであった。

まずは大量の電気エネルギーを使わなければ照明デザインが成り立たない、などという迷信を覆したい。光の量から質への変換、すなわち光の量に依存せずとも光の調理法次第で快適な光環境を手に入ることができることを社会全体に理解させなければならない。しかしやみくもに「省エネルギー」という掛け声だけが行政から発せられるのも困ったものだ。とりわけＬＥＤが急速に普及してくると「少ないエネルギーで今まで以上に明るい環境を！」というようなキャッチフレーズも突然出てきたりする次第で、省エネが「より明るい」と結びつくのでは、結局、光の量から逃れられなくなってしまうからだ。多様な方式での光の減量。飽食の時代に手に入れた光の肥満体に別れを告げ、鍛え抜かれた美しい体を取り戻すことが肝要である。照明デザインを進める中での現実的な矛盾は限りないが、せめて光を無駄にしない、つまり「適光適所」に徹することを貫き通すことである。その姿勢のみに理に適った省エネがついてくるのではなかろうか。

エコのための7つのレシピ

私は今から６年前、２００９年10月に米国カリフォルニア州ソノマで行われた国際照明デザイナーズ協会のコンファレンスに招聘されて「エコロジカルな照明デザインのための7つのレシピ」という演題の講演を引き受けたことがある。その頃、急に白熱電球が社会的な悪者にされて、電球型蛍光灯が褒め称えられたかと思うとすぐその後には電球型ＬＥＤが社会的英雄になってしまうといった現実が続き、私は失望していたのだった。「白熱ランプをＬＥＤに替えるだけでエコロジカルな生活に変わります」、という経済産業省の省エネの計算式は、国民の誰にでも容易に理解されていった。しかし、愛おしい白熱ランプを否定しＬＥＤに替えるというだけでエコロジカルな生活が手に入るのだろうか。私にはそうは思えない。エコロジカルな照明はエコロジカルな生活態度や価値観と相まってこそ、効果を上げることができるはずなのだ（図22、23）。

私が会議で提案した7つのレシピとは以下のようなものだった。

①高効率ランプの採用

ランプ効率というのは同じ消費電力で出力する光の量の割合を意味していて、lm／w（ルーメン／ワット）で表し、数値の高いものほど効率が高いとされる。白熱ランプは１００Ｗの普通球では１５２０lmなので、ランプ効率は15・2lm／wとされるが、それに比較してＬＥＤランプは80〜１００lm／wを超える高効率のものもあるので、単純計算でも5〜6倍も高い効率を誇っている。もちろん高効率のランプを使うことは奨励されてしかるべきである。しかし家庭やレストランではキャンドルに火を灯したり白熱ランプを調光したりする楽しさを、反省エネと見なされる理由はない。

②高性能器具の採用

ランプの効率が高くても、それを照明器具に収めたときの性能が低くては意味がない。まずは器具効率が課題になる。照明器具にランプを収めたときにどの程度その光束を損なわずに仕事するか、というのが器具効率である。通常のダウンライトや蛍光灯器具では80％以上の器具効率を目指しているが、効率を高めるばかりにランプが丸見えで眩しい状況をつくっては品質に課題が残る。いかにランプの光を制御して、品質の高い光を維持しながら器具効率を高めるかが課題だ。ＬＥＤランプはレンズでの配光制御を得意とするのでグレア制御を効かせながらの高性能が期待できる。

③ 最低照度による設計

私が照明デザインの道に入った頃、照明設計上では2割ほど明るめに設計しておくと現場でのクレームにならないので、常に心がけて明るめに計算しておくように先輩技術者から指導されたものである。しかし今はそんな無駄なことをするデザイナーはいない。照明デザインのプロは快適でミニマムな明るさを目指すべきである。

先進諸国に比較して日本のＪＩＳが定める照度基準が高すぎるので、これを見直し修正することが社会的な省エネの原点だと思うのだが、社会的な省エネが叫ばれる中でもなかなかこれが進まない。ミニマムを示すことを日本人は得意としていないらしい。

④ 鉛直面輝度の活用

人間の感じる明るさ感は実は床面や机上面などの水平面照度に比例せず、むしろ壁面のような鉛直面の輝度（面を反射する光の度合い）に左右される。意味もなく床面照度を高く設計するのではなく、床面照度を下げてでも鉛直面輝度を高く設計することが総合的な省エネ効果を高めることになる。これはいまだ社会的盲点に近いが、必ず受け入れられ合法的な手法となるに違いない。

⑤目的配光の選択

配光というのは聞きなれない照明の特殊用語であるが、こだわりをもった建築照明の世界では重要な指標である。照明器具から発せられる光の形状を示すもので、通常は5度ずつ全方向に発する高度（カンデラ＝cd）を数値で示した配光曲線というグラフによって表される。反射鏡やレンズを用いて光学制御された照明器具は、対称で均一な配光のみならず、むしろ必要な方向にのみ光をコントロールする非対称配光や不均一な照度を計画するための目的配光を意図したものが積極的に開発されている。

⑥適光適所の徹底

この適光適所の概念は無駄を許さないという基本姿勢として重要だ。必要な光を必要な場所のみに与える＝不必要な場所には一切光を与えない、としたストイックな姿勢が堅持できればかなりの無駄を排除できる。例えばオフィス照明でさえ、従来のオフィスはオフィス全体を均一に750ルクス程度確保することを基本としてきたが、その照度を本当に必要としているのはオフィス面積の3分の1～4分の1程度の机上面のみなのだ。このような無駄をなくして適光適所に心掛けることが肝要だ。

⑦調光制御とオペレーションの計画

ひと昔前までは家庭にもオフィスも単純に点灯するか消灯するかのオンオフだった。しかし昨今では調光制御の技術が急速に発達し比較的安価に光の強さだけでなく色温度の変化さえ自由にコントロールできる時代がやってきた。これもＬＥＤという新光源のおかげだ。デジタルに光を調光制御することは近い将来には常識的になるだろう。個々が手にするモバイル端末であらゆる照明を自由に調整するようになると、日常空間が劇場のようになり、光の無駄遣いも自動制御されるようになるのではないかと思う。

以上が７つのエコ照明のためのレシピだが、優先すべきは光の過食症を治癒することだ。しかし光のダイエットは思いのほか容易ではないので、大震災が発生した後のような大規模な節電キャンペーンを全国的に繰り返し行ったり、私たちが推進している「キャンドルナイト／電気を消してスローな夜を」を毎週のように行ったりしたいものである。さらに「光の断食道場」でも開設してシェイプアップにいそしめれば、なお良しというところか。

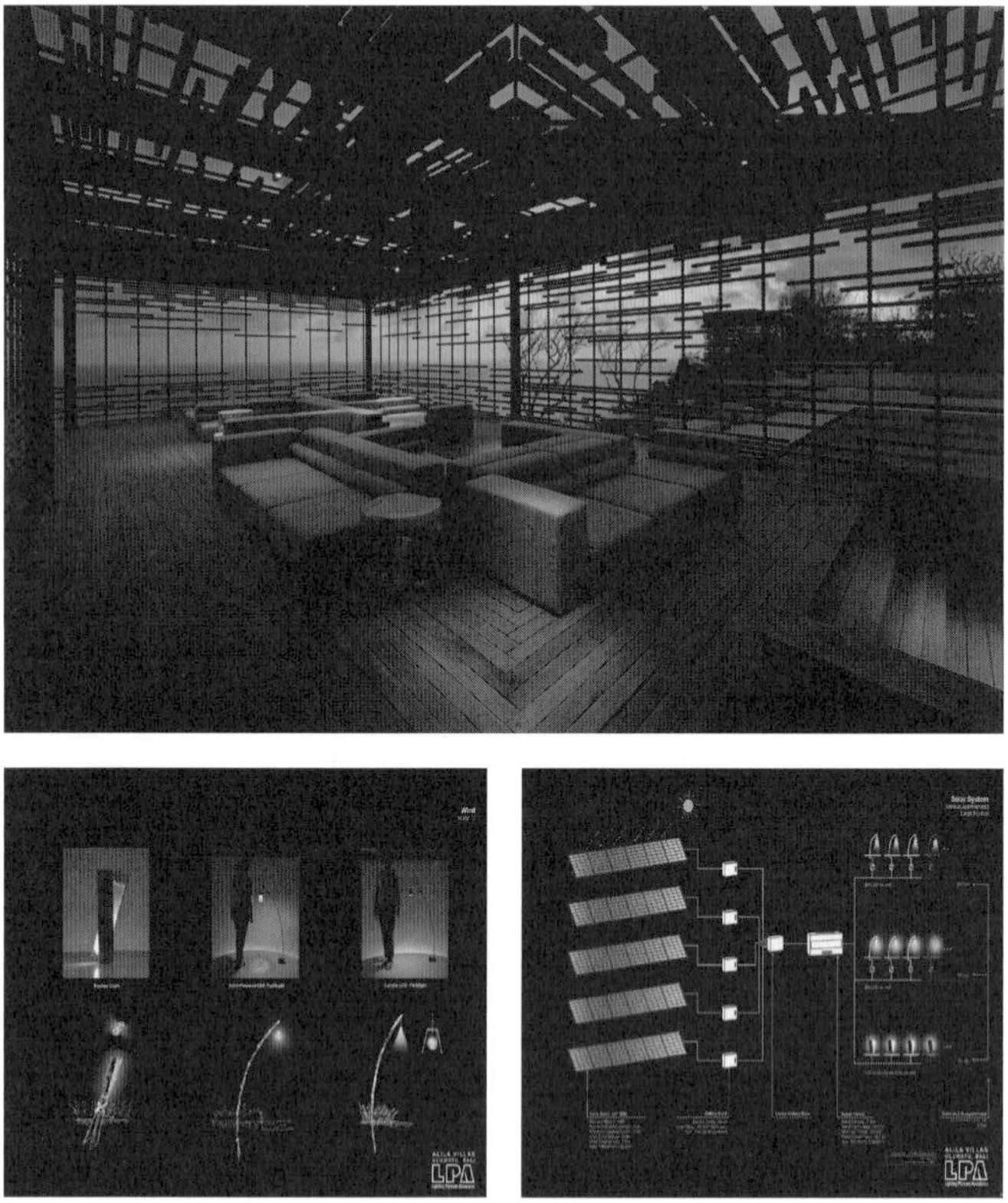

図22 省エネを提案したバリ島のリゾートホテル（アリラ ヴィラ ウルワトゥ）

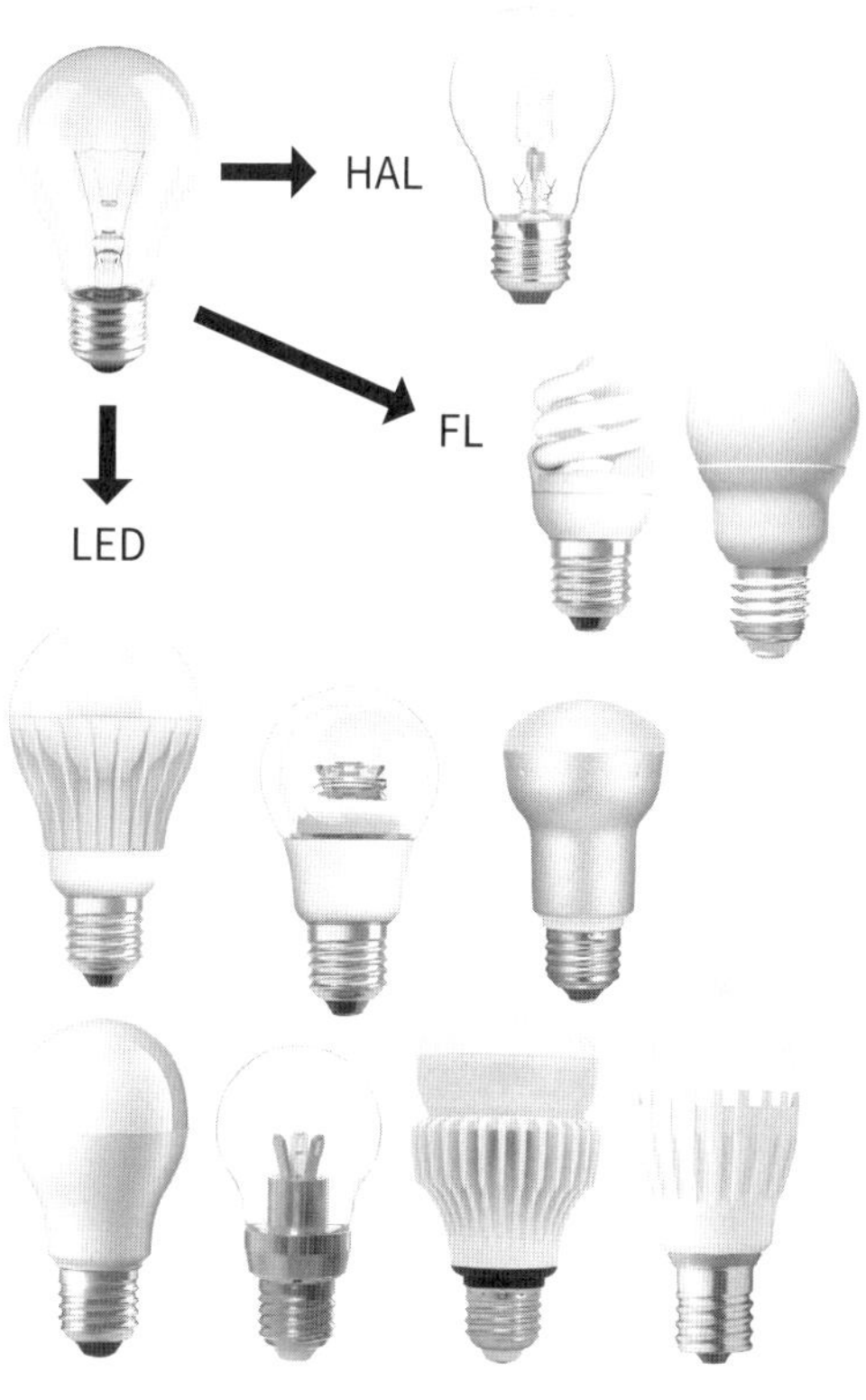

電球の形を真似て、さまざまな形状の蛍光灯やLEDランプが開発された

白熱電球「2012年に生産やめて」

経産省要請

CO_2削減に効果 業界も受け入れへ

経済産業省は電機メーカーなどに、エネルギー効率の悪い白熱電球の生産・販売を2012年末までに自主的にやめるよう要請する。業界側も基本的に受け入れる方向だ。家庭の白熱電球をすべて効率の良い電球型蛍光灯に切り替えると、地球温暖化の原因となる二酸化炭素（CO_2）の排出量が年間約200万トン減るという。産業界に比べて温暖化対策が遅れている家庭の対策を強化し、温室効果ガスの「1990年度比6％削減」の目標達成を目指す。甘利経産相が5日、政府の有識者会議「地球温暖化問題に関する懇談会」で表明する。

電球型蛍光灯（60ワット型）の消費電力は白熱電球の5分の1で、寿命は6倍長い。6000時間使用した場合、約5000円のコスト削減になるとの試算もある。だが、1個当たりの価格は、1500円程度と白熱電球の10倍で、2006年度の出荷個数は、白熱電球の1・1億個に対し、電球型蛍光灯は2500万個と4分の1にとどまった。

このため、電球メーカーや家電量販店は近く、「省エネランプ・フォーラム」を結成し、製造コストの削減や、切り替えの促進策を協議する。電球型蛍光灯で代替できない装飾用や調光用などの白熱電球については例外とする。オーストラリアとフランスなど諸外国でも白熱電球の販売を禁止する動きが出ている。

「読売新聞 2008年4月5日付」

図23 白熱電球をLEDに替えようキャンペーン

●思想10　光＝陰影をデザインする

自然界の景色は、繊細な影の重なりによって構成されている。それはほとんど気づかれることはないが、明らかに私たちは光ではなく光によってできあがる影の部分を目で追いかけている。それはそのはずで、自然界で発せられる支配的な光源は太陽であり、強い太陽光を視野に留めておくことはほとんどない。眩し過ぎるからだ。だから太陽の方角を見ずに太陽によってつくられる陰影のある景色、つまり影によって演出される情景に目をやっているというわけだ。抜けるような晴天空は陰影の微塵もないが、その場合でさえ一片の白い雲がやってくれば、そのふんわりとした容積や距離感は、微細な陰影によって性格づけられていることがわかる。空間や立体がそれなりの形や距離感を認識させるためには、どうしても陰影が必要不可欠なのである。

陰影に心ひかれるのはどうしてか。それは私たちが陰影の中にこそ、安らぎの原点や光の化身を発見するからではないだろうか。照明デザインの主題が人びとの心に印象的な情景を提供することにあるなら、むしろ光の周りに出現する70％の陰影のあり方にこそ妙技を尽くすべきなのだ。

明るいことは幸せか

20世紀半ばを迎えると世界中の国々が電気エネルギーによる光の増量を競い出した。照明デザインは光の消費に明け暮れ、闇や暗さの排斥にかかった。ことに日本では人びとが光の足し算、掛け算を好んだために陰影に乏しい均質な明るさが蔓延していった。社会全体が暗いことや影のあることを罪悪のように嫌っていった。人の性格さえも暗い人はダメな奴とされ、ひたすら明るい性格の人が好まれた。ウサギ小屋と揶揄された狭い日本人の住空間では、部屋の真ん中に吊るされた白色蛍光ランプの照明が部屋の隅々まで一点の曇りも影もなく照らし出していくことが求められた。ノッペリした光ばかりが日本中を覆い、そんな時代が長く続いた。

　建築照明のゴールは明るく均質な生活ではない。むしろ陰影を積極的なデザイン要素とすることで、光のデザインはさらに高次元な要求に応えられ、光を文化として語ることが許されるはずである。このような真っ当な理念は21世紀を迎えた現在でも、いまだ十分に理解されたとは言いづらい。

陰影のデザイン

　私は２０１０年に『陰影のデザイン』（六耀社）というタイトルの本を出版した。実は私は20年前にある本を出すときにも「陰影のデザイン」というタイトルを使おうとしたことがあったが、出版社から反対されてその書名を変更したことがあった。出版社は「闇」とか「陰翳」とかいう言葉は照明デザインの本にとって不向きであると言うのだ。多くの人びとは華々しい光のデザインを紹介して欲しいのに、そのタイトルはネガティブな印象しか与えない、という意見だった。[8]当時の光のデザインとは、夜の世界に突如として現れる光のランドマークやモニュメントを創る仕事か、これまで目にしたことのないような斬新な光のデザインなのである。私はある種の挫折感を味わってきたのであるが、20年後の２０１０年にようやくそのタイトルで本を出すことができた。そしてその翌年の東日本大震災の発生後には、世の中は節電ブームとなり、陰影のデザインに対する理解も急速に深まってきたように感じる。私が光のデザイナーではなく陰影のデザイナーと呼ばれる日も、さほど遠くないのかも知れない。

明るさと暗さ、闇と光

明るさと暗さ、闇と光はほとんど同義語であると私は解釈している。明るさを担保し設計することは誰にでもできるやさしいことである。むしろ重要なことは、大衆を説き伏せ、心地よい闇や暗さをデザインし、見本となる環境を数多く出現させることだ。

だから照明デザイナーにとっては、陰影をデザインするという強い姿勢が今求められている。私はまっさらな建築設計図書を手にしたときに、その図面を複写機で反転して黒地に白線で書かれた図面（白線陽画）をつくりじっと見つめ直すことがよくある。「まず光ありき」ではなく、図面の上にはまず闇の空間が出現し、その闇の中に必要な光の姿をオレンジ、クリーム色、黄色、白、薄い水色などの色鉛筆で慎重に加えていく。これが照明設計の正しい態度であり、方法論であると考えている。闇から出発すること、闇の中に光を置きながら残された部分の陰影を重ねていくこと、そのような丁寧な作業が照明デザインの原点なのである。

京都駅と明治神宮のプロジェクト

陰影をデザインするという概念を実践した照明デザインのプロジェクトをふたつ紹介したい。ひとつは「陰翳礼讃」というデザインコンセプトで実現した「京都駅」であり、もうひとつは「闇のライトアップ」と銘打った明治神宮の夜間参拝のための期間限定プロジェクトだ。

「京都駅」は国際建築設計競技で建築家の原広司さんが一席を獲得したもので、１９９７年に竣工したプロジェクトである。私はそれまでに幾つかの仕事を協働していたので、原さんからの依頼を受けて基本設計終了時からこのプロジェクトに参画した。事務所いっぱいに置かれた50分の1という縮尺スタディモデルを目の前にしながら原さんが語ったことを思い出す。「このコンコースはピカピカさせたくないいんだよね。日本の駅舎は明る過ぎるんだ」。これはチャンスだと思った。やっと明る過ぎない駅舎が出現する。日本で初めて陰影のデザインを実証する光環境を実現させることができる。しかも駅舎の床には光を吸収してしまう黒御影を使うというではないか。長さ４７０ｍ、高さ60ｍの巨大なアトリウム空間をもつ駅舎に美しい京都の陰翳を再現しよう。しかしどのようにして保守的なクライアントに私たちの挑戦を納得してもらえるのかが課題であった。

図24　京都駅のコンコースを夜間に俯瞰する

従来のＪＲの駅舎は、ほとんどが白っぽい素材と均一で高照度な照明設備とによって陰翳に乏しい光環境になっている。しかしコンペで勝利した建築家が主張する黒御影石の床素材と、ここが日本の古都であり文化都市であることを武器にして、私はＪＲ西日本の方々に谷崎潤一郎が発した「陰翳礼讃」をテーマにした照明デザインを提案した（図24）。

その結果、主照明は上空に配置した１５０Ｗメタルハライドランプの狭角配光スポットライトで、これを必要な箇所にのみひとつずつ丁寧に振り向けていくことにより、無駄のない光が美しい陰影を生み出した。しかも陰影のある景色は従来の設計方式に比較して62％もの省エネ効果

図25 明治神宮南神門の内からこぼれるあかりを大切にした夜景

を生むことが実証された。
一方、明治神宮の夜間参拝は２００８年に御社殿復興50周年記念として行われたプロジェクトで、初回の打ち合わせ時に宮司の中島精太郎さんが「明治神宮の闇は芸術だと思っています」と語ったのが忘れられない。私も初めて明治神宮の夜を視察したときに「こんなに深い闇が東京に残されていたのか」という感慨にひたったのだ。恐ろしく深い闇なのだ。それまで私は照明探偵団の街歩き調査などで、都会の暗さを求めて谷中の墓地や青山墓地なども徘徊したが、どこにも闇はなかった。その闇が明治神宮に隠されていたことにまず興奮したので、即座に「芸術的な闇がこんなに美しいのか、と実感できる照明デザインをしたいです」とお答えした。であるからこのプロジェクトは「闇のライトアップ」というテーマを掲げて、闇や陰影の大切さを実感できる景色を連続させていったのだった（図25）。

ライトアップといえば、パリのノートルダム寺院などのように、石造りの建築外観を美しく神々しくたっぷりの光で投光照明することをイメージしがちだが、ここ明治神宮では社殿の建築内部から自然にあふれ出てくるあかりを大切に扱い、外からの投光照明は極力制限していった。柱梁木造の和風建築には欧州に見る石造りの建築向きの照明は似合わない。わずかな光でも大切に扱って優しい木造建築の表情を多彩な陰影のデザインをもって表現すべきだろう。明治神宮の夜の美しさを、いつか再び大勢の人びとが体験できることを望んでいる。

建築照明／27の作法

心の作法

●作法1　デザインのプロセスを遵守せよ

常に80点以上の仕事を目指すために

プロの仕事にも頻繁に小さな間違いはあるし、与えられた仕事に満点の解答を与えられないことが多いことも私は知っている。もちろん満点を夢見て仕事はするが、現実的には80点以上の得点（＝評価）を得られるかどうかである。海外の難しいクライアントの場合には、当方の志や主張する品質が通らぬこともあり妥協を強いられることもあるので、その場合には合格点を70点までは下げるが、高い報酬をもらっていながら70点以下の評価ではプロジェクトに参画する意味さえなくなるので、その仕事は落第としなければならない。

だから私は常に80点以上の高得点を持続するために、自らの鍛錬と体力の強化に励むのであるが、長期的な期間の中にたくさんの種類の人たちとの関わりをこなしていく建築照明という仕事では、精神論だけでは十分でない。高得点を維持するための大切な技は「正しいデザインプロセスの励行」である。高得点の仕事をしていくためには、照明デザインを依頼された時点から施設が完成し運営が開始されるまでの業務期間全体に対する手順や段取り、そして責任と作業の品質が重要であろう。「急がば回れ」というように、忙しいからといってデザインプロセスを無視したり順序を飛ばしたりして先を急ぐことは許されない。

デザインプロセスの入り口

建築照明デザインの業務は通常3〜6年程度の期間で行うことが多い。基本計画（コンセプトデザイン）→基本設計（スキマティックデザイン）→実施設計（デザインデベロップメント）→入札監理（テンダーリング）→製作施工監理（サイトスーパービジョン）→最終引き渡し（コミッショニング）という6段階に分けてプロセスが進行していくが、日本国内では簡略化して4段階で表示することが多い（図26）。

この4段階はそれぞれに大切な仕事内容があるわけだが、このうち初めと終わり（入り口と出口）の2段階がとりわけ重要である。コンセプトを関係者と共有する入り口と、現場で光ができていく施工監理と最終調整の仕事だ。

昨今ではコンセプトとスキマティックというふたつの段階を合体する場合もあるが、このプロジェクトの第一歩が大切だ。すなわちクライアントと建築設計者と照明デザイナーの二者間で、照

Phase 3　実施設計 光のディテールデザイン	Phase 4　施工監理 光のプロダクション
この段階までに構想されたさまざまなデザイン案を、最終的に実現可能な一案に絞り込みます。事業者、設計者、関連コンサルタントとの協議を重ねながら、詳細にわたる検討を進め承認された設計図を作成します。日進月歩の照明技術革新を背景にしながら、デザインの優位性だけでなく、経済性やメンテナンス性の高い設計を具体化していきます。	照明デザインは最終的に施工現場で完成するわけですので、現場で実現されていく光の品質をきちんと監理しなければなりません。設計図面だけでは設計意図が伝わらないことも多いので、現場担当者への照明デザイン説明会も開きます。施工工程を見計らって現場での照明効果実験をしたり設計変更への対応をします。竣工直前の光の効果調整や調光シーン設定なども大切な業務です。
●モックアップモデルによる照明効果の詳細検討 ●照明器具の最終配灯・性能仕様の決定 ●特殊照明器具のデザイン ●照明器具納まり検討や建築詳細との調整 ●オペレーションスケジュールの計画 ●コスト積算のための資料作成 ●コスト調整のための設計見直し	●施工者への照明計画意図や留意点の説明 ●現場での照明打ち合わせへの参加 ●設計変更への対応、設計見直し ●施工図面のチェック、承認 ●照明器具製作図や仕様図の承認 ●特殊照明器具製作への指導 ●モックアップモデルによる光の検証実験への指示立ち会い ●照明器具の施工状態の検査 ●光の最終調整、フォーカシング指示、調光レベル設定指示
●照明器具配灯図 ●照明器具リスト ●照明器具仕様図 ●照明器具納まり図 ●照明器具グルーピング図 ●オペレーションダイアグラムとスケジュール	●照明コンサルティング連絡書 ●現場指示書 ●照明モックアップ実験計画書 ●最終調整指示図
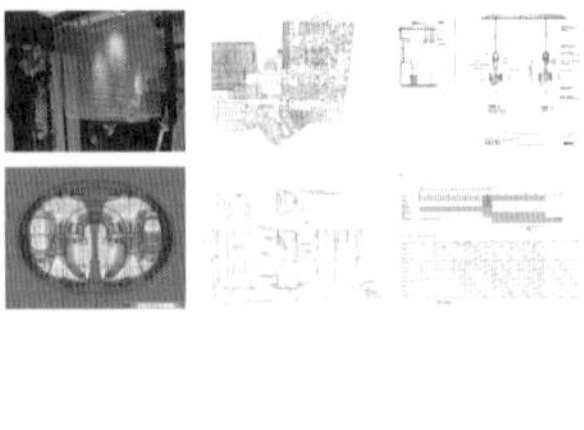	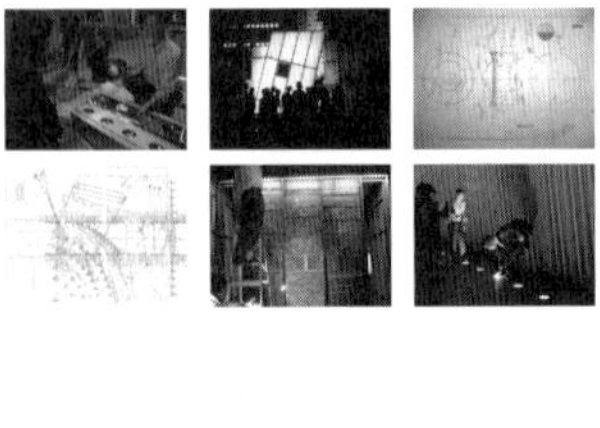

	Phase1　基本計画 光のコンセプトデザイン	Phase2　基本設計 光のスキマティックデザイン
概要	事業計画や建築計画の初期段階(基本計画+設計段階)から参画し、光のデザインをもって何をテーマとし、何をコンセプトとすべきかを検討します。事業計画と建築計画の意図や戦略を正しく理解し、照明デザインに求められる要件を整理し光のコンセプトデザインを立案します。	承認された光のコンセプトに基づいて、必要とされる照明効果や照明手法を提示します。照明手法の正解は通常単数ではありません。考えられる多くの照明手法を検討し、その可能性を否定せず自由に発案し、事業計画や建築計画による与条件に合わせて絞り込んでいきます。この段階では建築詳細に対する注文や概算コストなどの実現性も十分加味していきます。
業務	●事業計画・建築計画のオリエンテーション ●計画地周辺の光環境調査 ●事例検討、参考となる光環境の視察 ●ブレーンストーミング、コンセプトデザイン・ワークショップ ●光のコンセプト図、コンセプトモデルの作成 ●光のマスタープランの作成 ●光のコンセプトデザイン・プレゼンテーション	●さまざまな照明手法の検討 ●照明効果のスタディモデル、シミュレーションモデルによる検討 ●CGシミュレーションやCGレンダリングの作成 ●照明器具の概略配灯図、照明器具リストの作成 ●制御システム・オペレーションスケジュールの概要計画 ●設計照度などのフィジカルデータ概略計算 ●コストの概略積算のための資料作成
成果品	●コンセプトダイアグラムと解説文 ●光環境調査報告書 ●コンセプトデザインスケッチ ●光のイメージ図、パースペクティブ、コンセプトモデル ●照明効果リファレンスイメージ集 ●特筆すべき照明手法図	●照明手法スケッチ、解説文 ●光の入った模型やCGイメージ図、シミュレーション図 ●概略照明器具配灯図 ●概略照明器具リスト ●照明制御のシステム図や考え方
イメージ		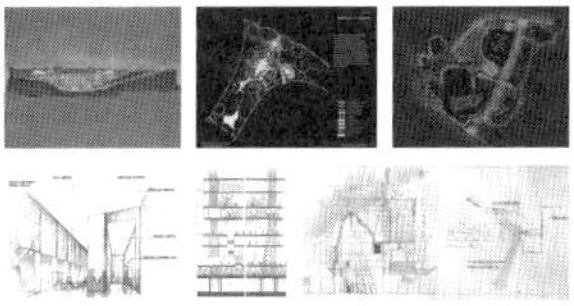

図26 建築照明デザインのプロセス

明計画上「何が目的とされるのか」「どのような効果を狙うのか」「そのためにどんなデザインコンセプトが成立するのか」というプロジェクトの前提を確認しイメージを共有する段階なのだ。私は可能な限りこの段階で照明デザインのコンセプト・プレゼンテーションを行うようにしている。デザイナーはクライアントの期待を正確に理解し、クライアントにデザイナーの野心や心意気を感じ取り承認してもらわねばならない。しかし、コンセプト段階で何より大事なことは、相手の話を十分に聞き要求事項や品質を正しく理解することだ。事業計画の狙いは何か、照明デザインにどんな期待をしているか、照明にかける予算は十分かなどなど、前提となる条件を明確にしておかねば後からの仕事の骨子が見えてこない。さらに事業者だけでなく、建築設計者や関連するコンサルタントとの対話も大切だ。とりわけその中でのコンダクターとなる建築設計者の意識は大切だ。しかし光や照明についての意識や要望が明確な人とそうでない人の差は思いのほかに大きい。照明については専門家にお任せしますという姿勢の建築設計者もいるが、そういう人ほど後になってごねたりもするので私は慎重に進めることにしている。

これと同様に大切なのが、現場の光環境を昼夜ともに調査して分析するということだ。事業者や建築設計者は昼に現場を訪れることは多いが、夜に現場を訪れる人はまずいない。夜間に現場付近の光がどのような状況であるかを把握していないのである。私たちは照度計や色温度計、輝度計などを使って光の状況を数値化し、夜間の光環境を印象的評価とともに記録し分析する。光環境調査と呼ぶこの仕事を通じて現実的な状況に対して共通認識をもち、コンセプトを実現するための与条件を抽出する。光を伴う建築は、それ単体で都市に成立してはいないのだから、この照査分析は当然行われるべきなのである。

デザインプロセスの出口

次に出口の話である。照明デザインは机上で完成しない。常に現場で現実的に光は創られていくのだ。だから巧みなコンセプトワークの後には急に、照明デザインのディテールと現場での施工監理の技を磨く必要がある。建築照明のディテールはとりわけ実施設計段階での建築詳細納まりに対して注文することが多いので、特に超高層ビルのファサードなどは、コンセプトデザインを提案すると同時にモックアップ実験を通じて納まり詳細を決定するようなこともある。だから出口と言っても、決定的な詳細への注文は迅速に行う必要がある。施工段階での注文では遅すぎることがあるのだ。

しかしながら、光のデザインの詳細は施工段階で設計変更されることが多いので、私たちの会社は施工監理の仕事を大切にしている。「ＬＰＡには基本設計までの業務をしてもらい後の監理は任せてほしい」というクライアントもいるが、私たちは原則的にお断りする。光のデザインは実現するところにこそ価値がある。だから施工者にも仲間に入ってもらい、優れた照明デザインの実現に向けて片棒を担いでもらわねばならない。私はこれまでに心意気のある施工者に助けられたことがたくさんある。照明デザイナーは建築設計者のように常に現場事務所に詰めて監理業務をしているわけではないので、施工者と照明デザイナーの間に、あうんの呼吸が必要になる。あまり頻繁に現場対応できないようなときでさえ施工者とのコミュニケーションを絶えず取り、ミスや不具合を生まないように努力する。出口の仕事にはコンセプト立案以上の緊張感がついてくるものである。

●作法2　光の主題を明らかにせよ

何がそのプロジェクトにおける光のデザイン上のテーマやコンセプトなのか。これを検討し応える努力から照明デザインの仕事は始まる。主題をもたない照明デザインは消費的なアイデアに終始したり、設計プロセスでの脈絡のないデザイン変更などを生じることが多いからである。光のデザインコンセプトの立案は照明デザイナーのためでなく、協働するクライアントや建築設計者とのコンセンサスを取るための行為であり、バイブルを共有することでもある。このプロジェクトの狙いや目的を共有できれば、先々に開発されるさまざまな照明手法やアイデアが、常にこのコンセプトの実現のための行為であることに立ち戻ることができる。それだけに関係者一同に共感と同意を取り付けるべき事柄である。

しかしこの主題を明らかにする行為はプロジェクトの出発点に位置するので、照明デザイナーが言葉を発する前に、まずはたくさんの思いの丈を事業者や建築設計者から聞き出しておかねばならない。

思いを聞くことから始まる

「六本木ヒルズ」の事業者で森ビル社長である森稔《もりみのる》さんとはかなり時間をかけて「六本木ヒルズ」の光の主題を検討した。森さんは世界中の優れた施設の視察経験があり、とりわけ照明デザインには深い興味をもっていて、私の知らないニッチな照明情報などもたくさんお聞きすることができた。私と森さんは、これまでの日本の都市に欠けている照明要素が何なのか、これからの都市がどのような光をまとうべきなのか、などの話し合いを重ね、それらの話し合いの中から「六本木ヒルズ」の光の主題を探していった。

このプロジェクトではコンセプト段階から頻繁に事業者と打ち合わせを重ねることで事業者の期待の高さと品質内容を共有するに至った。事業者は照明デザインによって自らの事業が、より高い付加価値をもつようになってほしい、という期待感をもっているが、それ以上の詳細な光のイメージをもち得ないことも多い。ところが時々は、むしろクライアントの方が私たちより世界中の類似施設を視察していて、あそこの光が良かったとか、あの光は好きでなかった、という詳細イメージをたくさんもっている場合もある。まさに森稔さんがそうだった。そのようなときに私は聞き上手に徹して、イメージを共有することの大切さを学習したのだった。

異なる種類のコンセプト

さて私たちは、照明デザインの主題を「コンセプト」と言ったり、「キーワード」と言ったり、「デザインテーマ」を言ったりもするのだが、これらはクライアントやプロジェクトの体質によって使い分けている。私の立案したものの幾つかの例としては、建築設計者に対しては、「光の軸線」、

「反転する建築」、「ノーダウンライト」などというキーワードを思い出す。建築設計の特徴を反映したものばかりだ。また事業者向けには、「光のオアシス」、「明るい美術館」、「患者のための光」、「光のバージンロード」、「陰翳礼讃」、などがあった。

またこれらはキャッチーな言葉遊びではなく、そこに潜む狙いや意味をきちんと説明する必要がある。それらを説明し、コンセンサスを得るために、私たちはコンセプトデザイン・プレゼンテーションと称する機会を設定する。ここで主題を説明し、意見を交換し検討された内容が、クライアントに承認されたときに初めて、私たちは次のステージに進むことができるのである。

和やかな景色（東京駅丸の内駅舎保存・復原）

2012年に竣工したふたつのプロジェクトを例にとって代表的な光の主題を紹介しよう。

まずは「東京駅丸の内駅舎保存・復原」のライトアップ・プロジェクトである。この仕事は数社の指名設計競技が行われ、大学教授を含む専門分野のエキスパートによって審査され選ばれたものであるから、とりわけ何を目指した照明デザインなのかという点が重要であった。私は100年の歳月を経過して再現される煉瓦造りの歴史遺産が、奇をてらった派手な照明デザインで汚されるべきでないことを主張し、照明デザイン自体が黒子に回り、訪れる人びとが自然にほっとする雰囲気に包まれることを期待した。

図27「東京駅丸の内駅舎保存・復原」ライトアップのコンセプトパネル

私が立案したコンセプトは「和やかな景色」である（図27）。平和な日本を象徴し、駅舎の煉瓦が限りなく暖かな表情を誇り、１００年後に至るまで東京のシンボル的景観を呈することを期待した言葉である。竣工後のテレビ取材の際に、照明デザインのコンセプトを聞かれて思わず「美人の薄化粧」と答えてしまったときには照れ笑いをしたが、考えてみると美人の薄化粧も和やかな景色も、同様のことを語っているとして安堵した。

オーガニックな光（ガーデンズ・バイ・ザ・ベイ・ベイ・サウス）

次のプロジェクトは東京駅とほぼ同時に竣工を迎えたシンガポールのプロジェクトで、「ガーデンズ・バイ・ザ・ベイ・ベイ・サウス」という54haに及ぶ国営植物園である。ここにはふたつの大きなガラス構造の温室と、18本のスーパーツ

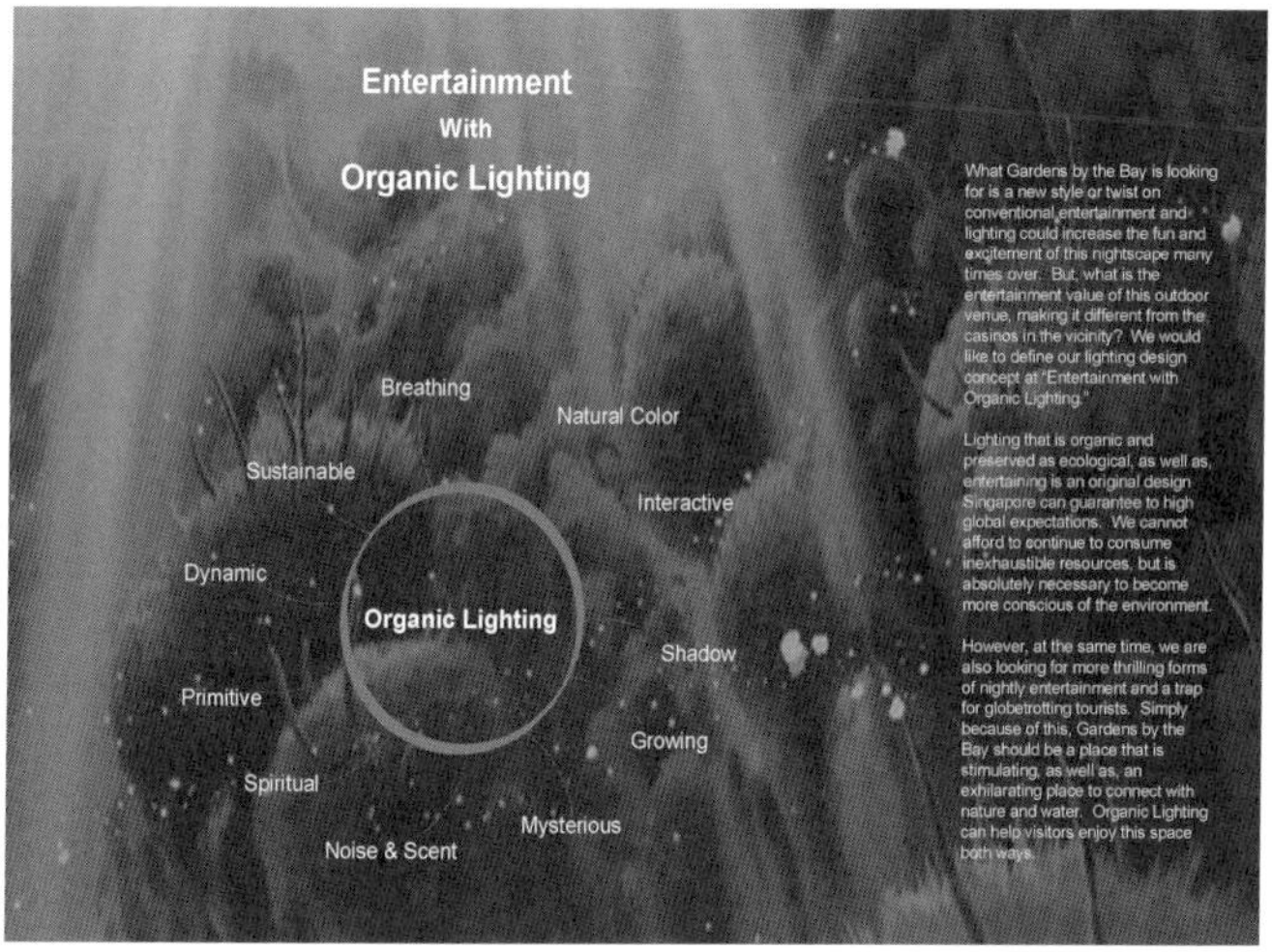

図28 ガーデンズ・バイ・ザ・ベイ・ベイ・サウスプロジェクトのコンセプトパネル

リーと呼ばれる巨大な樹木を模した構造体が配置され、シンガポールの重要な観光施設として期待されている。私はこの革新的な植物公園が観光資源としてのエンターテインメント性を要求されていることから、それに光の新機軸を加えたいと考えた。スタッフとの熱心なワークショップの末に「オーガニックな光＝エンターテインメント・ウィズ・オーガニック・ライティング」というコンセプトを立案した。これまでのどこにも見られないミステリアスな光の体験を目指して、スタジオジブリの画像イメージなどを参考にしながら、有機的な植物との体験を楽しんでもらうために、ゆったりとした光の流れを計画し演劇的なプログラムを行った（図28）。

光の主題を明らかにすることでブレのない照明デザインが完結することに期待している。

●作法3　光のディテールを磨け

コンセプトの話をした後には、その対極にあるディテールの重要性について語りたい。コンセプトとディテールはデザイナーにとってどこかで不可分のつながりをもっているように常に感じているからだ。コンセプトとは夢でありディテールとは現実である。私自身はコンセプトを説明できない照明デザインをするべきでないと信じている傍らで、ディテールをもたない照明デザイナーにはなりたくないとも思っている。さて照明デザイナーにとって必携のディテールとはどんな実態をもったものなのだろうか。詳細にこだわる照明デザイナーというものを解剖してみると、ディテールの種類が3種類に分割できそうだ。

建築のディテール

第1に建築照明の仕事については建築のディテールに迫らねばならない。建築そのものを照明器具化するようなダイナミズムを追求するときには、建築設計上の詳細を無視しては語れない。建築照明デザイナーは自ら光の建築家を自負するべきなので、建築士の資格をもっていなくても建築家に負けないほど建築詳細を観察し、学習し、実践する力をもつべきである。私はもともと大学の学部生のときにはインダストリアル・デザインを専攻していたので、どこの建築空間に遭遇しても大きな空間に占める雰囲気を批評すると同時に、細部を納めるディテールに目がいってしまう。建築空間の表層に表れる素材や形態のあり方が詳細なのである。建築家はもとよりアイデアと経験と失敗に培われた独自の建築詳細をもっているもので、ディテールを見るだけで建築家の名前が出てくるようなものが幾つも残っている。それと同様に、光を建築やランドスケープの一部に同化させることを旨とする私たちは、隠された秘伝とでも言うべき建築納まり詳細図を作成している。とりわけ、床・壁・天井に埋め込むべき照明のマウンティング・ディテールが重要であり、同様に床・壁・天井への間接照明の納まりは、光の広がりや拡散のさせ方にも大きく影響してさらに重要となる。たかが間接照明であるが、されど間接照明のディテールなのだ。

照明器具のディテール

第2のディテールは照明器具側のディテールである。デンマークのデザイナー、ポール・ヘニングセンがデザインした「ＰＨ-５」は１９５８年に発表されたものであるにもかかわらず、いまだ照明器具でのディテールの王者である（図29、30）。これは5枚の羽根をもった光源の見えない高効率なペンダント照明で、我が家でも40年近くダイニングテーブルの上で存在感を示しているが、どの角度から見ても光源を直視できない割に直下照度と周辺への光の配分が絶妙なバランスを保っている。建築照明デザインではこのＰＨランプのような器具形態の優劣を争うようなことは少

図29 ポール・ヘニングセンデザインのPH-5

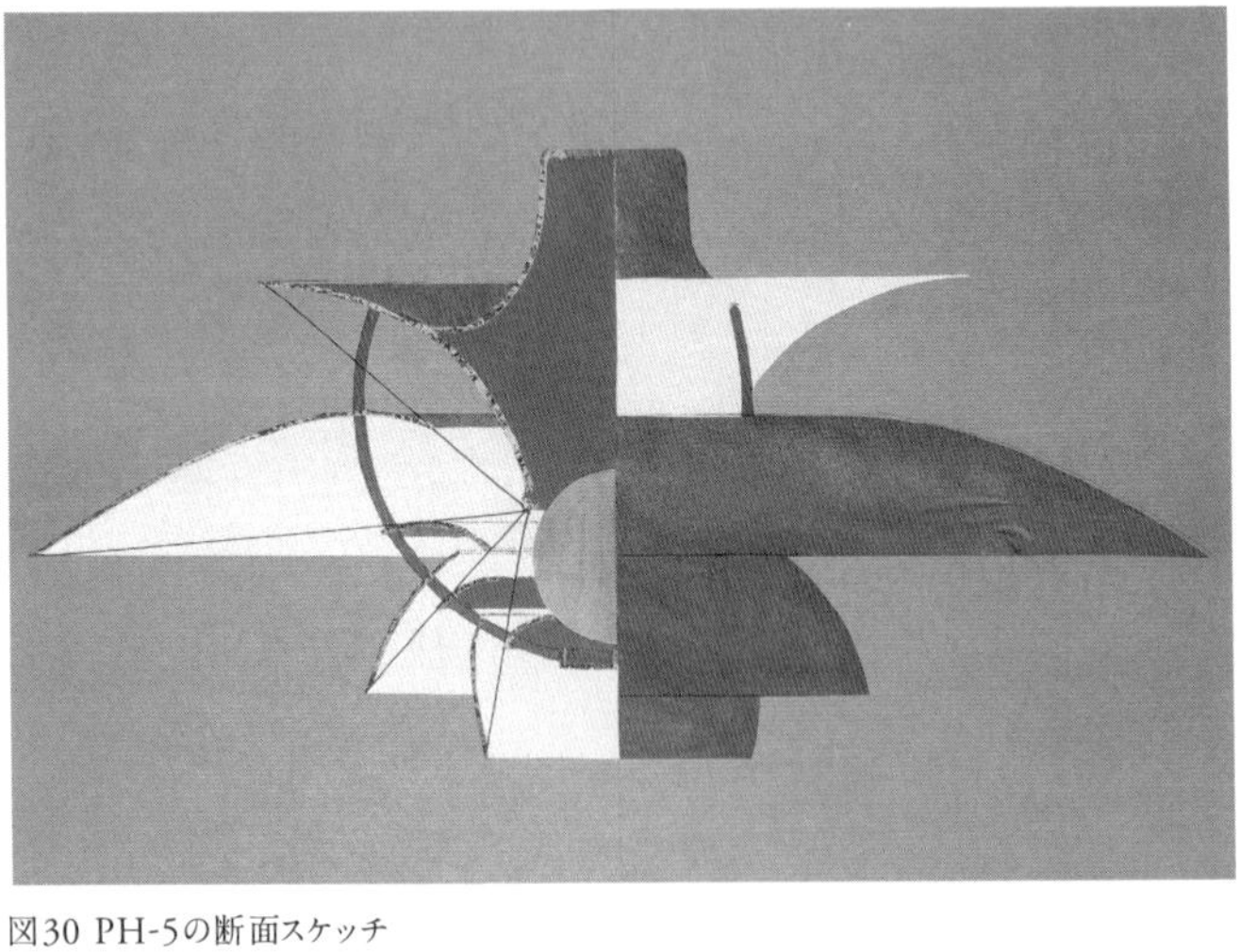

図30 PH-5の断面スケッチ

なく、ダウンライトやスポットライト、最近のＬＥＤに至っては直線的な埋め込み器具などにも、光学制御上のさまざまな技術が駆使されているので、技術革新の速度についていくだけでひと苦労である。

私がこの道に入ったときには、輝かしい光学技術の成果としてハロゲンランプが出現した頃だった。私はアルミの鏡面反射鏡を自分で切り刻んで、ハロゲンの光を非対称に分配するためのリフレクターを工作レベルでつくっていたものだ。今では設計はコンピューターに取って代わられＬＥＤの配光制御は反射鏡ではなく光学レンズが主流となり、それも３Ｄプリンターの出現で自ら切ったり削ったりする必要もなくなってしまった。

そのように照明器具というプロダクトのディテールはＰＨランプ時代から大きく革新されてきたが、近い将来には「これは照明器具なのですか」と尋ねられることが多くなるのではないだろうか。照明器具が建築素材化してくる時代の到来を予感している。

光の品質のディテール

第３のディテールは建築や照明器具のようなハードではなく、光の品質に関わるディテールである。建築照明デザイナーは最終的には光の効果に責任を負う仕事なので、照明器具の姿形以上に光の品質にディテールを発揮しなければならない。

光の品質を一般的にわかりやすく説明すると、照度、輝度、色温度、演色性というような数値的尺度に置き換えられるものと、明るさ感、緊張感、眩《まぶ》しさ、安らぎ感、興奮度、などの感覚的な品質とがある。昨今の視覚生理学の研究では明るさ感が照度に代わって新たな数値基準とされているが、このような新学説もその真偽について慎重に評価しなければならない。

明るさについてはこれまで照度（ルクス）という数値のみが盲目的に信奉されてきた感があるので、私も含めて多くの照明デザイナーは懐疑的にそれを論じる傾向がある。しかし私は自前の照度計を持ち歩き、至る所で実験的な照度測定を楽しんでいるので、私ならではの照度ディテールを蓄積している。0・2ルクスという満月の下の照度がつくる感覚世界、3ルクスと5ルクスとの防犯照明の差異、10ルクスというキャンドルの炎をめでるレストランの机上照度。最も好んで使っているのは、50ルクスというくつろぎのためのオールマイティな照度だ。これらは照明デザイナーとしての経験と精進の成果なのである。私は自分で「面出のディテール照度」と呼んでいる。これに準じて輝度では6cd／㎡という夜空を背景にした発行面輝度、２３００Ｋという心和ませる色温度、Ra95のカラーバランスなど、市販されている技術書では言及されていない、光の品質にまつわるディテールも私の武器である。

●作法4　不快な光を見極めよ

批判の精神

昨今、他人や社会を非難するような人が少なくなったように感じている。40年以上も前に学生だった頃、私はよく隣人を批判し社会を批評しながら議論したことを思い出す。私たちが単純だったのか純粋だったのか、誰かから刷り込まれたのかは釈然としないが、いつも自分の存在感を確かめるように周囲を見渡し、森羅万象を批判しながら自説を探っていたと思う。そこで培った私の批判精神と今の仲良し社会との溝に時々つまずくことがある。どうして何も批判せずに黙っているのか、と思うことが多い。

そんなわけで私は、学生や事務所のスタッフには「嫌なものには憤慨せよ」と指導する。1990年から運営している照明探偵団という非営利の実践的照明文化研究会が発行する会員証の裏面には「常に身の回りの光の害に憤慨すること」と記載されている。これは「照明探偵団5か条」の第1節である。第2節には「深く鋭く現場の光を観察すること」と続く。つまり憤慨するだけでなくその理由を探れ、どうして憤りを感じたのかを説明しろ、ということだ。

この批判の精神はデザイナーにとっては不可欠なものであり、批判こそ新たなデザインの源泉になりうる。だから私はどこにいてもその環境の光のあり方を自己採点して楽しんでいる。得点の高く与えられない環境に出合うと、どうして好きになれないのか、どうしてそれを不快と感じたのか、さらに私が照明デザインを依頼されたらどのようにこの状況を改善するのかを考える。それは小さなクイズのようなものだが、いつものことなので癖になりトレーニングにもなっているることだろう。

照明探偵団のミッション

もともと照明探偵団という危うい名前の集団は、私が1990年にLPAという照明デザイン会社を立ち上げたと同時に発足した研究会で、照明デザイナーが机にかじりついていてはいけないのではないか、書を捨て街に出て、現場の光に触れて照明デザインを発想しよう、とするものであった。机上の空論より現場でものを見ながら考えようとする姿勢は25年ほど経ってもいっこうに変わっていない。照明探偵団では常にゲーム感覚で、「光の英雄と犯罪者」を特定する。光の英雄を称え犯罪者を糾弾せよ、というのがミッションなのである。頻繁に徒党を組んで光の事件を探しに街に出る。ある人が光の犯罪者としたものを他の人が光の英雄だと反論する場合もある。メンバーは老若男女で多国籍だから当然だろう。それでもそこには各人が英雄や犯罪者とした理由があるので、それを正直に机上に載せて議論することが大切なのだ。照明探偵団は思想集団ではないし宗教集団でもないので、自らの評価採点をいつでも翻してかまわない。私なども、

24時間煌々とした輝きを見せる都内の自動販売機を大罪人と決めつけていたが、今は亡き劇作家の如月小春《きさらぎこはる》さんとの対談で、「私にとって自販機は英雄よ」と反論された後には、大きな声で自販機を犯罪者呼ばわりしなくなった。如月さんは群れていながら孤独な自販機に、都会の生活の中での親愛感を覚えるらしい。今では自販機も完璧にＬＥＤ化したこともあり、私も英雄の仲間入りをさせるようになった。大切なことは○×を明らかにしながら現場で見たものを議論することなのだ。

光の犯罪者を糾弾せよ

さて、これまでに私が糾弾した光の犯罪者を挙げてみよう。剥き出しのランプや粗悪な照明器具から発せられるギラギラした光（グレア＝眩《まぶ》しさ）。これは日本だけでなく世界中に見られる犯罪者であるが、とりわけ日本、韓国、中国、インドなどのアジア圏は最悪だ。眩しさに対して鈍感であったり寛容であったりしているが、これはひとえに快適な照明に対する教育や体験の不足からきているに違いない。

夜間に１０００〜２０００ルクスもの店内全般照度を誇るコンビニやドラッグストアの光環境。これは日中には明るい外に面した店内の緩和照明としては有効だが、夜間にも同様な高照度を放っている点を犯罪者だと認定した。昼に白色光で１０００ルクスのコンビニが、夜に暖かい

図31　不要な光、不快な光のさまざまな事例

図32 不要な壁面への光と影（スカラップ）の数々

光で３００ルクスまでなぜ下げられないのだろうか。これは30年来の疑問である（図31）。

スカラップ（帆立貝）と呼んでいる壁面に掛かるダウンライトの不要な陰影も犯罪者だと言われている。これは少しこの道で経験したり学習したりしないと発見できない不快な光かも知れないが、光が壁に意図しない光と影の模様をつくってしまっている例は枚挙にいとまがない。その不用意な照明効果による壁面のグラフィックスに激怒することしばしばである（図32）。

それと光源の色温度がでたらめに使われて同一空間や連続空間で混在している状況も犯罪者とされることが多い。光の強さの強弱よりも光源の色温度の相違は私たちの目に直感的に入ってくるので嘘がつけない。色温度計画がなされていないために起こる低次元の犯罪である。

その他には、昨今では街中でよく見かけるＬＥＤによる派手な色光と、その素早い変化。これは照明というより広告サイン灯の分野なので今後節操のない派手な世界にのめり込むことが危惧される。夜間の景観条例のようなもので光り輝く広告のあり方や、素早く人の目を引くだけの光の動きを規制する必要もありそうだ。

建築照明デザインを行うものは光の犯罪に加担するようなことがあってはならない。何が人びとにとって不快な光なのかは歴然としているので、そのネガティブチェックから開始したい。快い光を創ろうとする前に、常に不快な光に神経を尖らせておくことだ。

●作法5　デザインに理屈を用意しろ

80％の理屈と20％の感性

「80％の理屈（科学）と20％の感性（芸術）をもて」。これは私が繰り返して若いデザイナーに聞かせている言葉のひとつである。デザインとは科学と芸術の間を常に行き来しながら行う仕事であり、理屈で説明すべきカテゴリーと豊かな感性でジャンプすべきタイミングを併せもった職域でもあるから、通常では20％の感性は封印しておいて、80％の説明のつく光の科学を準備しておくべきなのである。

私たちに仕事を依頼してくるクライアントは常にたくさんの異なる種類の質問を浴びせてくる。「どうしてあなたはこのようなデザインを発想したのですか？」「この照明手法にすべき理由は何なのでしょう？」「このデザインは私にどのような利益を与えてくれるのですか？」「これはお金がかかり過ぎるのではないですか？」

クライアントの「なぜ」に迅速丁寧に答えなければならないのがデザイナーの仕事である。純粋芸術を追求する人たちはこのような野暮な質問に答える暇も義務もない。「良いものは良いのです」、とでも素っ気なく答えるだけでいい。彼らの評価は作品が全てであり、それが芸術家のゆえんであり特権でもある。しかしデザイナーの仕事には現実的な目的と成果が要求されるので、デザインが成就していくプロセスでの承認や合意形成には労力と時間をかけねばならない。そのクライアントの合意を取り付けて、デザインプロセスを先に進めていくときに必要不可欠なのがスマートな「理屈」なのだ。なぜ、なぜ、という質問にたじろがず、明確な回答をせねばならない。

科学と芸術の狭間で仕事をする

照明デザインを仕事にする会社も増えてきたので、その業務体質や得意とするところにもさまざまなタイプが存在するようになった。クライアントが好みとする照明のイメージを技術的にアドバイスし、照明器具の選択などを含めて経済的に着地させることを旨とする会社がある。そこにはさほどのデザインセンスも必要とされてない代わりに、与えられた予算の範囲で大過なく着地させるための実務的な能力が要求される。それとは逆に、これ見よがしで斬新なデザインを売り物にしてひたすら挑発的にクライアントを刺激するタイプのデザイン会社もある。日本にこそ少ないが発展する中国などにはコンピューターの中でデザインを発想して、コンピューターの中で仕事が終了していくような照明デザインの仕事を得意とする会社が多数あるようだ。このような会社は施工現場での施工監理を担当しない場合も多いようで、もちろん派手な照明デザインの内容に理屈を付けて説明しようとはしない。彼らの提案するグラフィカルな照明デザインを、もしクライアントが気に入らない場合には、気に入るまで次の案を作成するつもりで仕事をしている。何とも責任感の薄いプロポーザルのみの照明デザインなのである。またこれとは正反対に、設備設計を主な仕事とする会社が照明デザインまで担当するケースもある。英国に本社をもつアラップ社は別格の規模を誇っている立派な会社だが、昼光照明やサステイナビリティ、またエコ・システムなどにも特化した業務をしているので、照明デザインのあり方も芸術的要素をほとんど含まない、ほぼ100％理屈に基づいた仕事をしている。彼らの仕事は理詰めであり説得力をもっていてダイナミックである。

私個人とLPAという組織型照明デザイン事務所は、アラップ社ほど技術や解析に偏らず、しかしジェームス・タレルやオラファー・エリアソンのような光のアーティストを気取ることもなく、科学から芸術までの幅を広く行き来できる仕事を目指している。純粋な芸術家から常に新鮮な刺激を受けながら、生真面目な技術者のノウハウを常に謙虚に学習することをルーティンとしている。さまざまな種類の魅力的なクライアントの個性に対して、どこの位置に立った仕事が要請されているかによって、常に社内のプロジェクトメンバーのスタッフィングも行っている。私とLPAは八方美人と非難されない程度にフレキシブルであることを楽しんでいる。

まず「なぜ」に潔く答える

突然の「なぜ」に要領よく答える方法を伝授しよう。クライアントの質問への正解は常に複数準備しておくべきではあるが、私の答えは必ずひとつの方向を向いている。「なぜ」という質問に対

図33 CCTVのプレゼンテーション

図34 六本木ヒルズのプレゼンテーション

図35 中国国家大劇院のプレゼンテーション

しては、①あなたの利益のため、②人びとの幸せのため、③プロジェクトの輝かしい成果のため、のどれかに回答が集約されるべきである。なぜならばクライアントはそこにこそデザイナーを起用する意味を感じているはずだからだ。そしてさらにそれが成立するための詳細な理由をも回答しなければならないが、そこから先の工夫はそれぞれの手腕によるものだ。

「この照明デザインの斬新性は多くの市民から高く評価されるのです」「しかもコストパフォーマンスが高く保守も容易なのが特徴です」「この照明デザインによって貴社のブランドポテンシャルが格段に向上します」「この低い色温度のみが高い客単価での営業を可能にするのです」「これまでになくリラックスしたこの光環境に訪れた人びとは感激するでしょう」「この低い位置の光こそ人びとが求める安らぎを生み出します」「人びとが気づかないほどの光の変化が新鮮な空気を感じさせます」「蛍のようなわずかな明滅が人びとの心に記憶されます」「建築デザインの価値をここまで高める照明デザインは他にありません」「歴史に残る建築と光のデザインとして評価されるでしょう」などなど。理屈は常にくどくなくスマートに説明することが肝要だ（図33〜35）。

●作法6　建築家の誤解を正せ

自然光と人工光

照明デザイナーにとって大切な共同設計者である建築家は、自ら設計する建築空間の光や照明効果について、純粋な期待感ばかりを募らせているので、照明デザイナーはその楽観的な誤解を丁寧に正してあげなければならない。

特に自然光に影響される昼間の時間帯については楽観的で、彼らの頭の中には抜けるような青空と乾燥して晴れ渡ったイタリアの太陽光のイメージしかないに違いない。ジメジメと湿った空気の中に、どんよりと厚い雲に遮られた太陽光のことなど、かりそめにも発想しないようだ。またスカンジナビアの人びとが閉ざされた薄暗い冬期をじっと耐え忍んでいる様子などは、私たち東京に住む者には安易に想像もできないことだが、これに似たことは日本海側の厳しい冬を迎える地方にも言える。全ての建築家がこのような楽観主義者だとは言わないが、8割ほどの建築家はネガティブな光の効果に微塵の興味も抱いていないのではないかと想像する。

また、建築家にとっての「光と建築」という課題はほとんどがデイライト（昼光）に向けられていて、人工照明についての興味が薄い。光の名建築として知られる米国フォートワースに建つキンベル美術館の設計者ルイス・カーンにしても、彼の残した名著*Light is the Theme*という小冊子の中で、熱く語っている光の全てが建築に降り注ぐ自然光のことである。それを支援し成功に導いている人工照明については微塵も語っていない。名建築でさえこのようなことだから、人工照明によってできあがる視環境を細部まで正しく理解できる建築家は稀有なのである。

昼と夜を設計するジャン・ヌーベル

十数年前に、フランスの建築家ジャン・ヌーベルの講演会を東京で聞いたことがある。私たちが彼の設計による「電通本社ビル」の照明デザインを担当していた頃のことだ。講演会のポスターには「光の魔術師」と書いてあったことを記憶している。確かにヌーベルは人並み以上に建築と光についての革新的な思想をもっていて、パリの「アラブ世界研究所」で開発したアラビックな形状の自動調光外壁システムや、リヨン・オペラ座で発表した光を吸収する真黒な内装などは建築照明としても野心的な仕事である。ヌーベルは現代の建築家の中で最も光に鋭利な期待と感覚をもった建築家として注目に値する。その彼の講演の中で私にとって印象的なフレーズは「建築家は2種類の設計をしなければならない。昼のための設計と夜のための設計だ」というものだった。その講演の中で谷崎潤一郎の『陰翳礼讃』を引き合いにして、彼が設計したリヨン・オペラ座を説明したときに多少の違和感を覚えたが、それでも現代の建築家が夜のための建築設計にも努力すべきであると論じたことを称賛したい。建築設計者が太陽光以外の光の影響や効果に対して、積極的に学習し誤解を正す努力をすべき時代なのである。

建築家の期待と誤解

建築家の光に対する誤解の大部分は、照明効果の予測精度から生じるものではなく、むしろ人間と光との間に生じる知覚生理や心理、そして光と建築素材との相性や関係性に対する理解不足によるものである。

例えば、私たちが好んで計画する「光のウェルカムマット」と呼ぶ照明手法は、ホテルやオフィスビルの車寄せやエントランスなどの床にマット状の光溜りを創り、それの上を通過して施設に人を招き入れるためのものであるが、建築家は必要以上に明るくし過ぎてしまうことが多い。大切なことは、優しく暖かい光のマットで人びとを招き入れることであり強い光の量ではない。外構に面したエントランスでは150ルクス前後が適正照度だが、500〜1000ルクスも出ていることが頻繁に起こっている。

次の誤解の事例はウォールウォッシャーの使い方だ。ウォールウォッシャーは天井に設置したダウンライトやスポットライトの光を光学反射鏡やレンズなどを利用して直下ではなく壁面の上から下までを極力均一に照射するための照明器具である。まずこの洗練された光学制御の中身について建築家は不勉強なので、壁面を均一に照射することの品質を誤解していることが多い。照明器具は壁面付近の天井に取り付けるわけだが、それぞれ固有の性能があり、壁からの取り付け位置と連続配灯のピッチに一定のルールがある。これを間違うと壁に無数の不均一な光の傷を付けてしまうことになる。また壁面の均整度は壁面を正面から見るとわかりづらく、斜め方向からチェックしなければならない。角度の付いた方向から見ると厳格な均整度の評価ができるのだ。

さらに建築家の楽観論はトップライトなどの昼光利用について起こることが多い。自然光を採り入れるには大変複雑で詳細な配慮が必要とされるという認識が、楽観的な建築家には欠けている。自然光を採り入れた上で常時快適な視環境を担保するためには、移り気な太陽光を支援するための人工照明のシステムが必要となる。これを十分認識していない建築家が少なくない。だから私たち建築照明デザイナーの役割は、昼光利用の際のネガティブチェックを建築家に冷静に聞いてもらうことなのだ。

私はこれまでにたくさんの昼光建築の難しさを経験してきた。前述した東京の「新宿ＮＳビル」が私にとっての最初のアトリウム建築だが、その後も「松下電産情報コミュニケーションセンター」、「東京国際フォーラム」、「クイーンズスクエア横浜」、「京都駅ビル」、「中国国家大劇院」など、野心的に昼光を利用した建築の数々である。そのほとんどは自然光を採り入れるための細かい人工照明の役割についての検討だ。これらの仕事ではアトリウムで起こり得る昼光の功罪についての議論とその対策が十分行われたので、それぞれに個性的な建築照明が実現していった（図36～38）。

図36 新宿NSビルのクロード・エンゲル、小倉善明さんとの打ち合わせ風景

図37 ポール・アンドリューとのミーティング風景

図38 レム・クールハースとのミーティング風景

●作法7　情熱と経験と勇気をもて

情熱をもて

建築照明デザイナーは、本物の情熱と、密度の高い経験と、新境地を開拓するための勇気をもつことが奨励されている。情熱と経験と勇気、そう言ってしまえば簡単だが、そのひとつずつに照明デザイナーとしての覚悟を必要とする。

長く照明デザインの仕事を続けていると、志をもつ若い人たちから照明デザインの仕事に興味をもち、この道に進みたいという相談を受けることがある。「照明デザイナーになるには何が必要ですか」という質問もよく受ける。私は「まずは建築やデザインの学習は欠かせないが、それ以上に大切なことは照明デザインに対する本物の情熱だ」と答えることにしている。建築設計の図面が理解できない、デザインの世界で起こっていることについて興味がない、というようなことでは建築照明デザイナーになるための基礎的条件が満たされていないが、それをクリアできても本当に照明デザインについて強靭な志があるかどうかが大切なのだ。照明デザインは面白そうだ、ぐらいで就職希望する学生も時々いるが、相手にしている暇はない。そのような軽々しい動機では、私たちが要求するプロの道への緊張感についてくることはできない。中にはクリスマスの時期に輝くイルミネーションのキラキラに感動して照明デザインに興味をもったという人もいるが、照明デザインは単なる綺麗なもの、楽しいものの範囲を大きく越えたものである。だからまず、照明デザインに対しての本物の情熱に期待する。光のデザイナーになるためにはこの道への真剣な情熱、すなわち「光で人びとを幸福にする」といった覚悟が不可欠だ。照明デザイナーは光の伝道師なのである。

経験を積め

情熱の後には経験が必要だ。私は建築照明デザイナーは最低5年間の実務経験をもって一人前としている。単に時間の長さではなく体験の密度だと思うこともあるが、やはり建築照明デザインの仕事は5年未満ではまだ十分とは言い難い。私たちの会社を退職して転職したり起業したりする人はたくさんいるが、2～3年で退職してまともな仕事をしている人はめったにいない。建築照明という仕事は、ひとつのプロジェクトが終了するのに最低でも3年、長いと5～10年ほどかかることから、一回りの仕事を体験する意味でも5年以上が目安となる。私は今年で照明デザインを始めて37年になる。しかし5年以上の経験をもった照明デザイナーとの経験年数の比較をしてほしくないと思っている。もちろん5年より10年の方が失敗の件数も増えるし、20年の方が妥協の仕方もうまくなるかもしれない。しかし5年以上の経験者にとっては、年数でなく経験密度が重要だ。私は今も37年目の経験密度を高めている。自らの年輪に加え失敗を重ねながらも多くの戦利品を手にしたのだ。

勇気をもて

さて、最後に最も決定的な照明デザイナーの資質は勇気である。情熱も経験も努力や精進を積み重ねることによってそれなりに獲得できるが、勇気だけはセンスと判断力を鍛えねば得られない。80％の科学（理屈）と20％の芸術（感性）とすでに述べたが、勇気はこの20％の感性に宿ることが多い。恐怖や不安も感じるが、どうしてもそれを乗り越えて挑戦してみたい、これが勇気の原点だ。失敗を恐れない前進を支えるのが勇気。この勇気の差によって照明デザイナーとしての力量が最終的に測られてしまうこともある。経験が通用する範囲の出来事だけに満足するわけにはいかない。経験範囲を越えて新たな光を創造する勇気がなければ誰も見たことのない斬新な光には出合えない。情熱と経験を担保した後に未知なる光を見る勇気を獲得すべきである。勇気は自分のセンスを鍛えることで湧いてくる。

横浜風の塔で得た勇気

私がこれまでに経験した勇気の結実を紹介しよう。１９８６年に完成した横浜風の塔である。これは伊東豊雄さんの設計によるもので私と伊東さんの初期の出会いを象徴するプロジェクトだ。高さ40ｍほどの横浜駅西口駅前に位置する地下の排気塔を改修して市民のためのランドマークにしようとするもので、パンチングメタルで覆われたシリンダーの内部に隠された排気塔にミラーを張

図39 横浜風の塔 周囲の風と音に反応して表情が変化する

図40 横浜駅西口広場に建つ横浜風の塔

り、無数の点光源とリング状のネオン管を配置し、外からの投光照明を施した。周囲の風と騒音に反応するセンサーとコンピューターによって3種類の光の要素がさまざまに明滅し、夜間には刻々と表情を変化させる光のモニュメントに変身するという仕掛けだ（図39、40）。このプロジェクトのためにもちろん縮小模型で光の実験を繰り返したが、その効果を原寸で予測するのが困難だった。また小さなコンピューターで制御し周囲の風の強さと方向、そして騒音のレベルを同時に拾うセンサーを使うことにしたが、まったくの経験範囲外の技術なので心配事だらけの提案だった。現場施工が進みようやく光が点灯する。伊東さんの表情も興奮気味で、事業者や施工業者は心配そうだ。そして光の点灯実験が開始され、目まぐるしくミステリアスに変化する光のモニュメントが出現すると、勇気を奮って挑戦したプロジェクトはこれまで誰も見たこともない見事な光のパフォーマンスを生み出した。全ての人びとに感動的瞬間が訪れたことを思い出す。

情熱と経験と勇気をもつこと。その全てが成就するときに建築照明デザインは人びとを感動させる結果を呼ぶのだ。建築照明デザインの価値がそこにある。

●作法8　クライアントを仲間にせよ

建築照明で成功するための条件は、まずは優れた建築家と出会うことだが、それだけでは不十分だ。時に建築家の見識よりもクライアントの志の高さや品位が決定的にプロジェクトの出来栄えに影響する。彼らを共同設計者にすることが肝要だ。クライアントを仲間に引き込み、クライアントをやんわりと教育し、そして最終的にはクライアントを狂喜させることが目的なのである。

さまざまな共同設計者

建築照明デザインは多くの共同設計者によって支えられている。デザインチームを組み共同設計者の全員が一堂に会して設計のためのワークショップを行うこともあるが、一度に30枚ほどの名刺が必要になったことさえある。まずデザインチームの要となるのはもちろん建築設計者であるが、デベロッパーがプロジェクトマネジメントの会社を入れるときなどは、ＰＭ（プロジェクトマネジャー）という立場の人を中心にワークショップが開始されることもある。

ＰＭ、建築設計者の他に、構造設計者や設備設計者が加わり、時々はファサードデザイナーというスペシャリストも参加する。ランドスケープデザイナー、インテリアデザイナー、音響デザイナー、サインデザイナー、グラフィックデザイナー、都市デザイナー、場合によってはキッチンコンサルタント、アートプロデューサーなどなど。どの設計者やデザイナー、コンサルタントとも照明デザイナーの仕事は重なる部分をもっているので、大きな開発プロジェクトになるとデザインチームの組織表などをつくって、それぞれに綿密な対応を図ることになる。

私たちの会社では照明デザインの業務契約を業務開始前に締結した上で仕事を開始することにしているが、初期には建築設計事務所との業務契約（コンサル契約）が多かった。しかし海外プロジェクトが増大してきたこともあって、最近では80％程度がクライアント直の業務契約の締結になってきた。このようなクライアントは、建築設計者との契約とは別に、ランドスケープや照明などの独立したスペシャリストとも直接契約をすることによって、建築設計者に対する要求と他のコンサルタントとの対応を別々に管理することを望んでいる。海外の仕事で、ある時期に「あの建築家には降りてもらった」というような連絡がクライアントから入ることが数件重なった。従来ではまずは建築照明デザイナーと建築設計者との密実な関係が保てなければ、良い仕事にはなり得ないと考えていたが、国際的な仕事の場では全てのデザイナーがクライアントと、じかに間合いを計りながら進めていくことが多いのだ。

そのような背景から近年は、私たちはクライアントを要石として建築家と距離を近付けたり離れたりしながら仕事を進めている。建築家が最も近い仲間であると認識していた過去に対して、現在はクライアントを仲間にせずに仕事を進めるわけにはいかなくなってきた事情がここにある。クラ

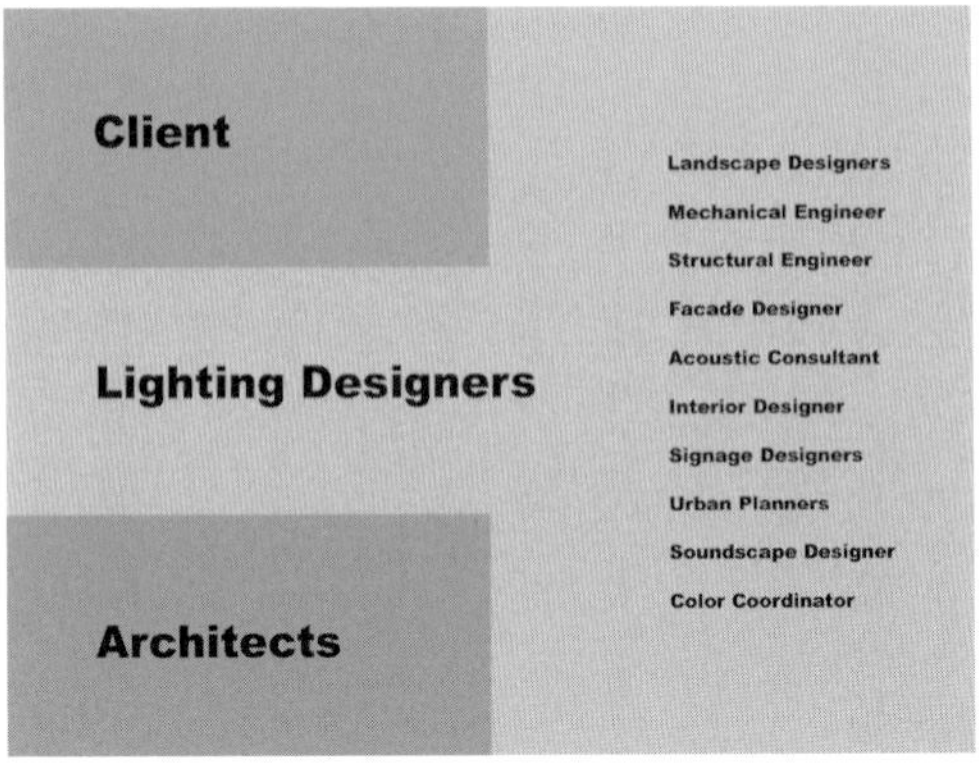

図41 クライアント／建築家／照明デザイナー、さまざまなコラボレーター

イアントー建築家ー照明デザイナーという三つ巴の関係式でそれぞれにポジションをシフトし、シャッフルしながらの毎日である（図41）。

六本木ヒルズの成功例

クライアントを仲間にして成功した例のひとつが2003年に竣工した「六本木ヒルズ」である。

六本木六丁目の区画全体の再開発プロジェクトで、広域な敷地に超高層オフィスビル、美術館、商業施設、高層住宅、ホテル、テレビ放送施設、緑化公園などの都市施設が集積する巨大プロジェクトである。このプロジェクトで私は事業者の森ビルより照明ディレクターとしてアポイントされ、全体計画の立案と同時に世界中から複数の優れた照明デザイン会社を選別する作業に従事した。

私たちLPAが担当した計画範囲は主に、タワー周りの外構、敷地の外周道路、400mに及ぶけやき坂通

図42 森稔さんとのコラボレーション 六本木ヒルズの例

り、各種公園といった主要なパブリックエリアだったが、それとは別に私が照明ディレクターとして、森ビル社長の森稔さんの相談に乗ったり、各種照明デザイナーとの調整業務に関わった時間は別立ての業務としてディレクターフィーが支払われた。

なぜこのようなディレクターを事業者は置こうとしたのであろうか。これは今となっては亡き森さんには尋ねられない質問だが、私はたび重なるワークショップや会合の中で、常にデザイナーと至近距離にいてそのイニシアチブを取りたいと願うクライアントの意思があったのではないかと感じていた。最終的にどこまでクライアントが私を仲間として迎え入れてくれたかは定かでないが、少なくとも私にとっては、事業者が建築照明デザインの世界に執拗なこだわりをもって接してくれたことで、クライアントを仲間にすることの重要性を認識させられた仕事だった（図42）。

仲間にできなかった仕事

反対にクライアントを仲間にできないことで失速したプロジェクトが、中国の北京にふたつある。「ＣＣＴＶ（中国中央電視台）」のプロジェクトと「中国国家大劇院」である。ＣＣＴＶは国際建築設計競技で一席を勝ち得たＯＭＡの設計によるもので、私たちは設計者との業務契約で仕事を開始し、たび重なるロッテルダムでのデザイン・ワークショップの末に計画案をまとめていった。設計者のレム・クールハースとも数回にわたるワークショップをもち、密度の高いやり取りの末に、実施設計に近い基本設計図書を精力的にまとめ上げた。しかし残念なことに施工監理段階のコンサル契約が更新されなかったために、施工段階に入って、細部までのデザイン監理の責任を果たせなかった。同様に「中国国家大劇院」も設計者ポール・アンドリューの要請で施工終盤に入ってからプロジェクトに参画したが、設計終了後の監理業務を継続受注できなかった。

そのようなわけでこのふたつのプロジェクトでは、残念ながら最終的な照明効果に私は及第点を与えることができなかった。中国国家のプロジェクトではクライアントの所在が見えないことがある。それではクライアントを仲間として迎え入れる方法もない。

●作法9　自然光をデザインせよ

自然界のルールに学ぶ、ということを「建築照明の10の思想」に加えているのは、これまでに私は限りなくたくさんの自然光の技に心引かれたり慰められた経験があるからだ。太陽のなせる照明デザインの技はひときわ多彩で、世界各地を訪れると必ずその土地ならではの自然光と建築の妙技に感動させられる。

それもそのはずで、電気エネルギーのない時代の建築は常に太陽光への深い造詣に基づいて設計されていた。バチカンのサン・ピエトロ大聖堂を初めて訪れたときに天蓋方向から一条の光が降り注ぐ姿に絶句したことを忘れない。欧州に残る歴史的な教会建築には、神の存在を知らしめる自然光への造詣が息づいている。また中近東に残るイスラム教寺院、アジア各地に残る仏教寺院やヒンズー教の寺院には、教会建築とは異なる解釈の自然光の技が読み取れる。これら光の建築に見られるディテールは、実に何百年もかけて工夫され多彩な技を進化させてきたものなのだ。一朝一夕に完成した技ではないことに驚かされるばかりだ。

私は建築照明デザインの道に入ってからすぐに、自然光と戦いたいと思った。建築照明は最終的には自然光を相手取って最新のテクノロジーとのバランスを取ることになるだろうと思ったからだ。また、「照明デザイナー」という職能上の呼び名を「光のデザイナー」と置き換えるためには、やはり人工的な光源だけを相手に仕事するのではなく、自然光にこそ深い思いを寄せるしかないと直感したのである。

ロンシャンの礼拝堂（ル・コルビュジエ）

照明デザイナーになってから最初に、私が選んで視察した近代の巨匠たちの建築は、ちょうど近代建築が人工照明を取り入れて設計する必要が出始めた頃の仕事だ。

そのひとつはフランスのコンテ地方ロンシャンに建つル・コルビュジエの設計による礼拝堂だ。１９５５年に竣工したこの建築は塑像のように力強い外観を誇るシェル構造の建築で、礼拝堂内部には分厚い壁に空けられた無数の窓からの溢れんばかりの自然光が注ぎ込み、太陽の光の変化とともに刻々と空間の表情を変えている。

私が礼拝堂に着いたのは午前10時頃だったと記憶しているが、幸運なことにほとんど観光客もなく、しかも好天に恵まれたので内部で長時間にわたり光の変化を楽しむことができた。午後の2時すぎまでのんびりしていたのだろうか。特に巨大な南に面した壁面には、壁厚を生かして大小さまざまな窓が幾何学的にデザインされ、その幾つかの窓の奥深く埋め込まれたステンドグラスの影響もあって、神々が光に宿ったような雰囲気を醸し出している。もちろん太陽光が流れる雲に遮られる一瞬には、自然調光が掛かったかのように照度を下げ、室内にはどんよりとした光の塊だけが取

図43 ロンシャンの礼拝堂

り残される。そして時間の経過とともに徐々に高度を上げる太陽は、分厚い窓の内壁を直射して拡散し、天井をゆったりと照らし出している。東から西へ移動する太陽の位置はそれ以上に過激に礼拝堂内部を駆け巡っていったのだ。礼拝堂の内部空間は通常、小さな窓に制限されて薄暗く、陰湿な雰囲気さえするのであるが、私が出合ったロンシャンの礼拝堂は光に満ちていた（図43）。いつかまた、今度は降りしきる雨の日にでも訪れたいと思ったものだ。まったく異なる空間体験になるに違いない。

MITの礼拝堂（エーロ・サーリネン）

ロンシャンを訪ねてから2年後ぐらいに、今度は米国ボストンに建つエーロ・サーリネン設計によるマサチューセッツ工科大学（MIT）のキャンパス内に建つチャペルを視察した。ロンシャンの礼拝堂

図44 MITの礼拝堂

と同じ1955年竣工した建築だがとても小さな礼拝堂だ。この建築の自然光のデザインはロンシャンほど作為的でない。祭壇上部に取られたトップライトから降り注ぐ陽光を、その下に浮遊する金属片で受け止めて光の粒子を視覚化することと、円形の礼拝堂の周囲に水盤を設けて、その水面を反射する陽光を壁面下部から取り入れるディテールの2種類である（図44）。私はボストンを訪れるたびにここを訪ねているが、単純な空間構成ながら音と光の静けさに心洗われる思いを毎回楽しむことができる。これは礼拝堂内部の波打つ壁面を仕上げる煉瓦の素材と、トップライト下部に設けられた白色大理石の祭壇と、空中に舞う光の粒子のおかげなのだ。何と単純な仕掛けでここまで気持ちの落ち着く自然光のデザインをしてしまうことか。設計の妙技に感嘆するばかりなのである。

昼光利用のテクノロジー

これらの近代建築が自然光と自由に戯れていた頃から随分年月が経過して、今、私たちが直面するデイライティング（昼光照明）のテクノロジーは、人工照明との複合を前提にしながらかなり機能的な役割を増大させてきた。現代の建築は電気エネルギーの利用を前提としているので人工照明の負荷を軽減するための昼光利用を目指したシステム開発に努めている。窓面での光学ブラインドの開発や、光を採り入れて遠くまで運ぶための光ダクトの利用、さらに太陽光を直接反射させるためのパーフープ反射鏡や鏡面集光装置など。ノーマン・フォスターが１９８５年に「香港上海銀行・香港本店ビル」で実験的な昼光利用を試みた頃から、どうも自然光のデザインは技術論に明け暮れるようになっていった（図45）。インスブルックに拠点をもつオーストリアの照明コンサルタント、クリスチャン・バーテンバッハはこの頃から昼光照明に特化した仕事に磨きをかけてきたが、残念ながらこの技術論はいまだ万人を説き伏せるまでに至っていない。

私も「新宿ＮＳビル」のアトリウムから始まって、「京都駅ビル」「せんだいメディアテーク」「中国国家大劇院」まで、各種の自然光と建築の関係をうまくさばこうとしてきたが、いまだに妙案に至っていない。これは昼光利用という概念と合理的な成果にとらわれているからであり、むしろル・コルビュジエやサーリネンの時代のように、のびやかな自然光のデザインに立ち戻るべきなのではないだろうか。近年私はそう考えるようになってきた。

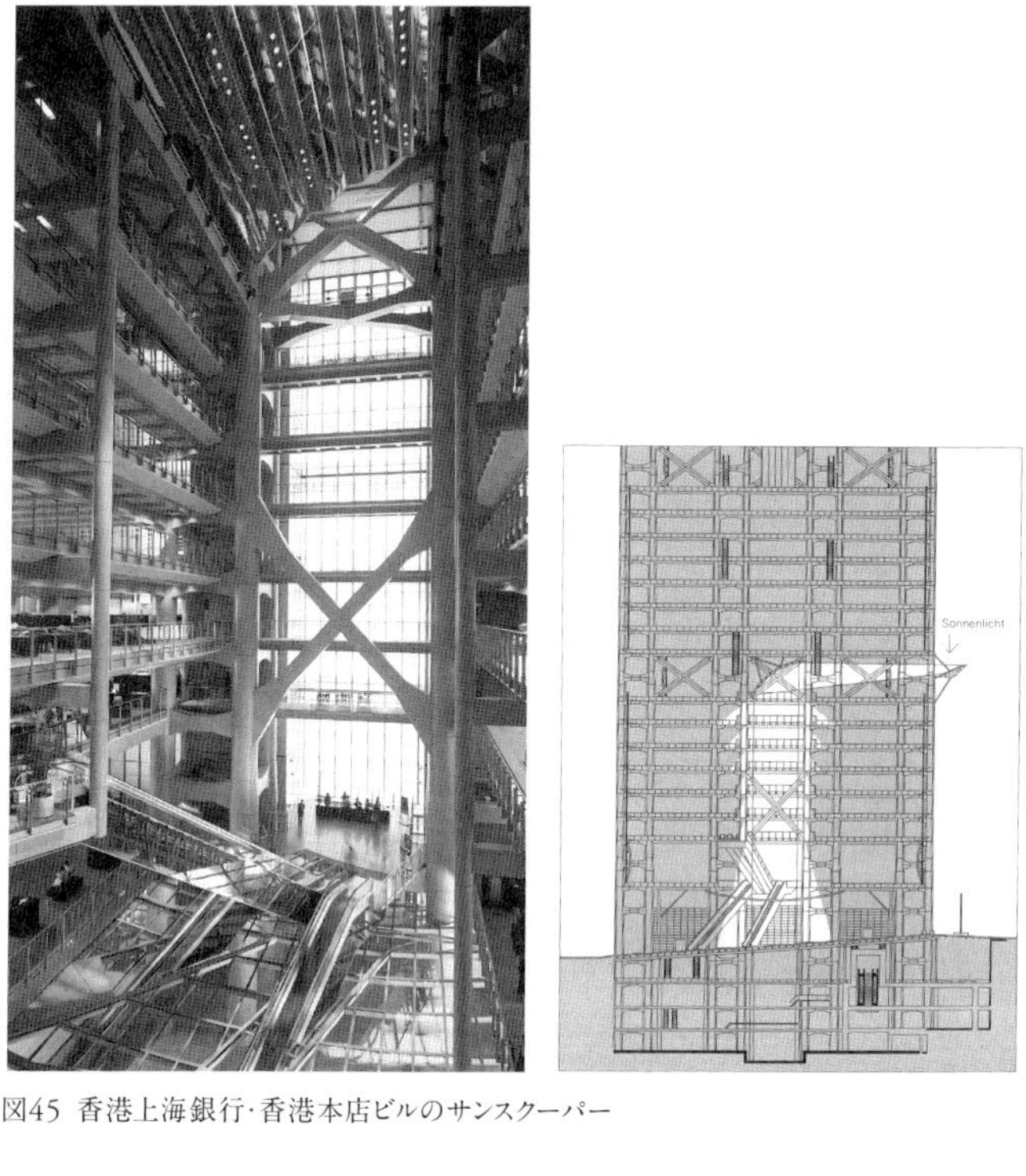

図45 香港上海銀行·香港本店ビルのサンスクーパー

●作法10　照明デザインのシナリオをつくれ

演劇的な空間

都市環境での人びとの営みはとても演劇的だと思うことがよくある。特にたくさんの人が集まる交通施設や商業施設、または目抜き通りや交通量が多い交差点など。私は時間に余裕のあるときなどは、しばし立ち止まって人の流れを観察したり、立ち話をしながら友達を待つ若者たちを観察するのが好きだ。とりわけ私の事務所に近い渋谷駅のハチ公広場に面したスクランブル交差点は圧巻だ。道路レベルで川の流れのように行き交う人を観察するも良し、東急本店に上り高所からハチ公広場とスクランブル交差点の全体を俯瞰するのも面白い。マクロな人と車の流れと、ミクロな部分に発生しているドラマが読み取れる。

一人ひとりが都市という舞台の上の役者に見えてくることもあり、都市環境自体が緞帳のないステージのようにさえ思えてくる。建築設計や都市デザインは、つまるところサステイナブルな舞台美術のデザインなのではないのか。そこにはさまざまな種類の建築や街路樹やストリートファニチャーが大道具のように配置され、都市騒音やスピーカーからの音楽が流れ、時間帯によって変化する太陽光にさらされ、夜を迎えると人工照明が点灯する。やはりここは舞台である。限りなく面白い演劇的空間だ。

舞台と都市空間の異なることは堅牢性や持続性といったもので、照明装置にしても屋外仕様の堅牢なものを使用することを除外すれば、室内照明と屋外照明の間には本質的差異はない。人の集まる都市空間が、演じる側にいても鑑賞する側にいても、快く感激的な演劇空間にならないものだろうか。

脚本家としての照明デザイナー

照明デザインを発想するときに、まず人びとが感動するシナリオをつくることが大切だと考えている。照明デザイナーは脚本家になれと言いたいのだ。脚本とは演劇や映画などに与えられたストーリーを具体的な仕組みに落としていく段階で、光や大道具などの舞台美術を工夫し、役者のセリフや細かい動作の流れなどを記したものである。「そうか、そのように演じればいいのだな」ということが脚本を渡されて初めて理解される。照明デザインの仕事にも光の技を深める前にまず、感動を呼び起こすための戦略が必要で、そのためには光以外の条件についても脚本に記しておく必要があるのだ。

交差点劇場案（渋谷パルコ）

私はかつて都市空間を演劇的な舞台と考えて、夜の公共空間に対して勝手な照明デザインを提案したことがある。「渋谷パルコ」の外装照明改修計画の一環で１９９５年に提案したものである。このプロジェクトではファッションの街渋谷の文化を牽引してきたパルコの依頼で前面道路に面した巨大な壁面を「光のキャンバス」として捉え、壁面全体のグリッド上に取り付けられた照明器具からの間接光と点光源が、コンピューター制御されたプログラムによってさまざまなグラフィックスを演出する、というものであった。20年も前のプロジェクトなのだが、今でいうＬＥＤによるメディアファサードのようなものを、ローテクな白熱ランプを使って行っていて面白い。この光のキャンバスと同時に提案したのが、その前面道路とスクランブル交差点を利用した「交差点劇場」の計画だ（図46）。

道を挟んで東西に建つパルコパート1とパルコパート2の屋上から、前面道路とスクランブル交差点にめがけて演出的なスポットライトの光を浴びせるという提案で、特に若者でにぎわう交差点では、信号を待つ時間と交差点に歩を進める時間の光を劇的に変化させる提案だ。当然のことだが警察協議になることが懸念されたが、この計画では歩行者が交差点を渡る際には交差点の照度も増大するので問題にはならないと私は判断した。交差点の信号が青に変わると上空からステージを照

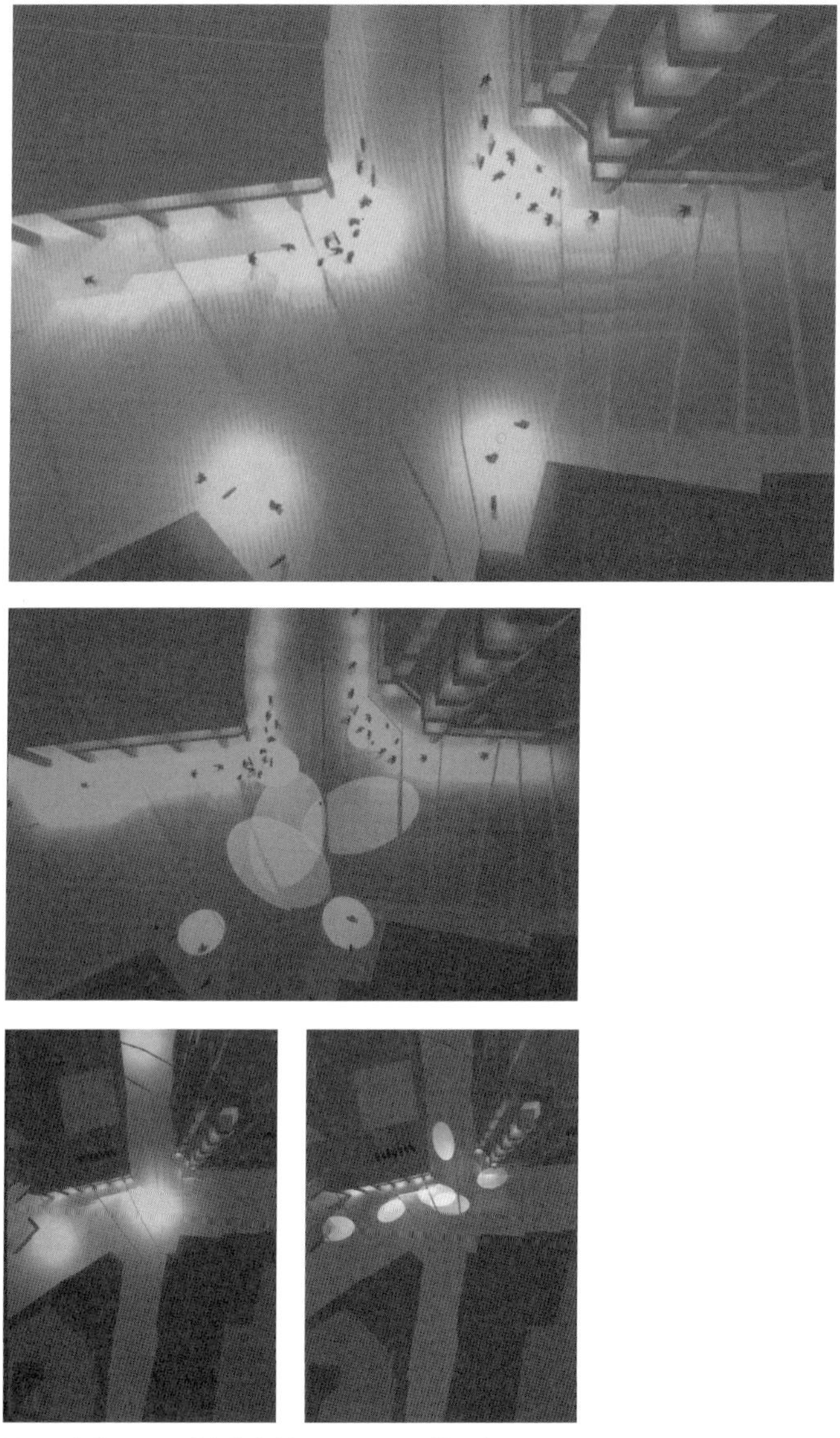

図46 渋谷パルコの「交差点劇場」CGによる計画案

らす光が降り注ぎ、その光の中をファッショナブルな若者が生き生きとした表情で交差する。そんな光景を夢見たが、照明設備の費用の増大と警察や行政との煩わしい協議をクライアントが嫌ったためか、この計画は実現しなかった。いつかどこかでこのコンセプトとシナリオが実現することを願っていた。

交差点劇場（オーチャード・ロード）

さて、どこかでこの計画を実現したいと願っているうちに、パルコ計画から11年後の２００６年にシンガポールの目抜き通りとして知られるオーチャード・ロードとバイドフォード・ロードの交差点でこの計画に似た提案を実施しようということになった。私たちの会社は２０００年にシンガポールＬＰＡという姉妹会社を設立したこともあり、３年間かけて「シンガポール中心市街地照明マスタープラン」を担当し、その計画の一端としてオーチャード・ロードのこの計画が浮上した。さすがシンガポールだけあって、警察協議や行政とのもめごともなく、むしろ行政が主体となって迅速な照明実験が行われていった（図47）。

ここでもスクランブル交差点で青色信号の点灯を待つ50秒と交差点をウキウキしながら渡る50秒に演劇的な光のシナリオを作成した。パルコの場合には塔屋からのスポットライトのみだったが、ここでは交差点周囲のポール灯上部に設置した高出力のプロジェクターによって数種類の画像が、薄いグレーにペイントされた路面に投影された。歩行中に信号待ちの車両の前照灯を消灯してもらうことや、ドライバー視線に立った安全性などの課題は残るものの、都市環境が演劇性をもってデザインされる可能性を示している。光のドラマを呼ぶためのシナリオ・ライティングも照明デザインの大切な仕事になってきた。

図47 シンガポール、オーチャード・ロード
ジャンクション照明の実験写真

●作法11　動画で語れ

トレンディな映像システム

中国のプロジェクトでは、時々「アニメーションで見せてほしい」という要求がクライアントから出ることがある。超高層ビルのファサードに計画されるメディアファサードと呼ばれるLEDを利用した変化する外観照明や、商業ポディウムという低層部分の光の動きなどを動画で見たい、ということなのである。私は常に照明デザイナーはグラフィックデザイナーではないしアニメーション作家でもないので、動画のコンテンツを考えたり動画自体を制作することは契約業務に含まれていないことを主張するが、クライアントは光るもの全ては照明デザインの範疇だと主張する場合が多い。メディアファサードのコンテンツや輝く広告サインやプロジェクション・マッピングという特殊効果についてまで、建築照明デザイナーの業務範囲とされてはたまらない。だから照明デザインの業務契約書を締結する際には詳細に業務範囲や責任範囲を主張するようにしている。

と言いながら、少々派手な商業施設のファサード照明などでは、LEDによる動きを伴う照明提案が不可欠なこともあるので、私も幾つかのメディアファサードでは、良質な画像がゆっくりと動くようなものを提案したことがある。シンガポールの目抜き通りに竣工した「アイオン・オーチャード」という商業施設では外壁に深々と降り積もる雪の映像や、桜吹雪、青空に流れる白い雲、などのコンテンツを考えた。クライアントはその提案を気に入った様子であったが、施設がオープンした後にはまったく別の派手な映像が流れていて気落ちした。まあ、メディアファサードという自由な表現が許される映像システムとはそんなものである。建築照明デザインのスコープに加えないようにした方がストレスはない。

しかしアニメーションは別として、照明デザインが動画で語られるべきだと思うことが頻繁に起こってきている。光のデザインは時間のデザインであると主張するからには私たちのデザイン提案も静止画像ではなく動画で表現してしかるべきなのである。ある情景から次の情景へ変化する時の変化の微妙な速度（フェードタイム）自体が重要な意味をもつこともある。光の変化はその速度だけでなく立ち上がり方や消え入り方にも妙技がある。

私は光の素早い動きを得意としないが、その動きが明確に視認できる程度の速度で変化する光のプロジェクトをたくさんこなしている。その幾つかを年代の古いものから並べて紹介してみよう。

日本庭園照明（藤沢洗心寮）

私がＴＬヤマギワ研究所に勤務していた頃に担当した仕事で、ある企業の保養施設に付随する日本庭園の演出照明デザインである。建築内部のダイニングルームから眺める奥行きの深い庭園に２００灯あまりの各種照明器具を仕込み、細やかな調光制御技術を活用して数分のライトショーをプログラムした。庭園の各所をゆっくり移動する照明効果の変化に誰もが心奪われた。この頃には目を閉じて動画をイメージするしか方法はなかった。

横浜風の塔

横浜西口駅前に現在も姿を見せる光のモニュメントである。しかし数年前に細やかに変化する光はなくなり現在は光が動いていない。当時は塔に取り付けたセンサーが周囲の風と騒音を自動的に感知して、3種類の照明エレメントを有機的に組み合わせて変化させていた。小さなコンピューターが活躍したが、横浜に吹く風が視覚化されたことが楽しかった。設計者の伊東豊雄さんにとっても私にとっても、建築照明の際限ない魅力に目覚めたプロジェクトであった。

影のロボット／東京・その姿と形展

当時東京大学生産技術研究所の教授だった原広司さんが、弟子の小嶋一浩さんたちを巻き込んで行ったプロジェクトで、ミネアポリスのウォーカーアートセンターが主催する展覧会に出品するためのアクリル仕立ての20体のオブジェである。8種類の先端的な光がアクリル板に埋め込まれ、10分の1秒のステップで音楽ならぬ光楽を奏でるのだった。透明アクリルを重ね合わせて明滅する光の様相は、14分のスコアに収められた（図48）。

大阪ワールドトレードセンタービルディング

大阪の南港に位置する当時西日本で最も高い超高層ビルなので「灯台」としての夜間の外観照明にこだわりをもったプロジェクトだ。高層ビルには不可欠な赤色に点滅する航空障害灯は、常に景観上の嫌われ者であるが、このプロジェクトではそれを嫌わずに整理整頓し増量して並べ替えた。さらに赤色だけでなく中央部には青色光を追加して輝かせた。航空障害灯の点滅周期を脈拍のリズムに合わせ、最上階の展望フロアのアップライトを深呼吸のリズムに合わせて調光制御した。脈拍と呼吸のリズムが超高層を擬人化した。

ガーデンズ・バイ・ザ・ベイ・ベイ・サウス

シンガポール政府が世界に向けて提供する最大級の植物園である。オーガニックな光のエンターテインメントをテーマにしたので、18本のスーパーツリーへの演出照明は多彩なシーンを組み合わせたプログラムでオペレーションされている。ミステリアスな光環境にするには各シーンをつなぐ方法が重要である。チラチラした光や素早いシーン展開だけの構成では巨大なパチンコ屋が出現したかのような下品なオブジェに成り下がる。動画でシミュレーションしながら計画案を説明したが、できあがったものの4次元の迫力には驚かされるばかりである（図49）。

図48 原広司デザインのインスタレーション「影のロボット」

図49 ガーデンズ･バイ･ザ･ベイ･ベイ･サウスのスーパーツリー

●作法12　新技術の真偽を見抜け

業界に生まれる嘘

世の中の新技術にはたくさんの嘘があるし不要なものもある。技術は常に更新され刷新されるものなので、それにまつわる新技術の情報は私たち照明デザイナーにも遠慮なく届けられる。その中の嘘を見抜き本当に照明デザインの現場に対して必要なものであるかどうかを判断するのも、私たち照明デザイナーの仕事である。デザイナーは常に新技術に対して正しい評価者でなければならない。

新しい技術を開発する立場にある技術者は、どこかで自分の責任や役割をプレッシャーに感じているはずなので、小さなことを大きく表現したり、意味ないことをとても有用な技術だと説明してしまうこともある。だから私は時々「本当にその技術は必要なのですか？」「そこまで大げさに言うほどのこともない技術では？」というような意地悪な質問を気心の知れた照明技術者には浴びせてしまう。そのとき見せる照れ笑いだったり、怒った様子だったりを観察していると、大体その真偽のほどがうかがい知れるのだ。私たちに伝えられる小さな嘘の情報は照明技術者が勤務する会社の利益を守るための方便であることもしばしばだ。「本当は各社で大差ないことなのですがね」という本音は頻繁に聞こえるし、「そう言わねば弊社の立場もございませんので」というのも本音ではある。

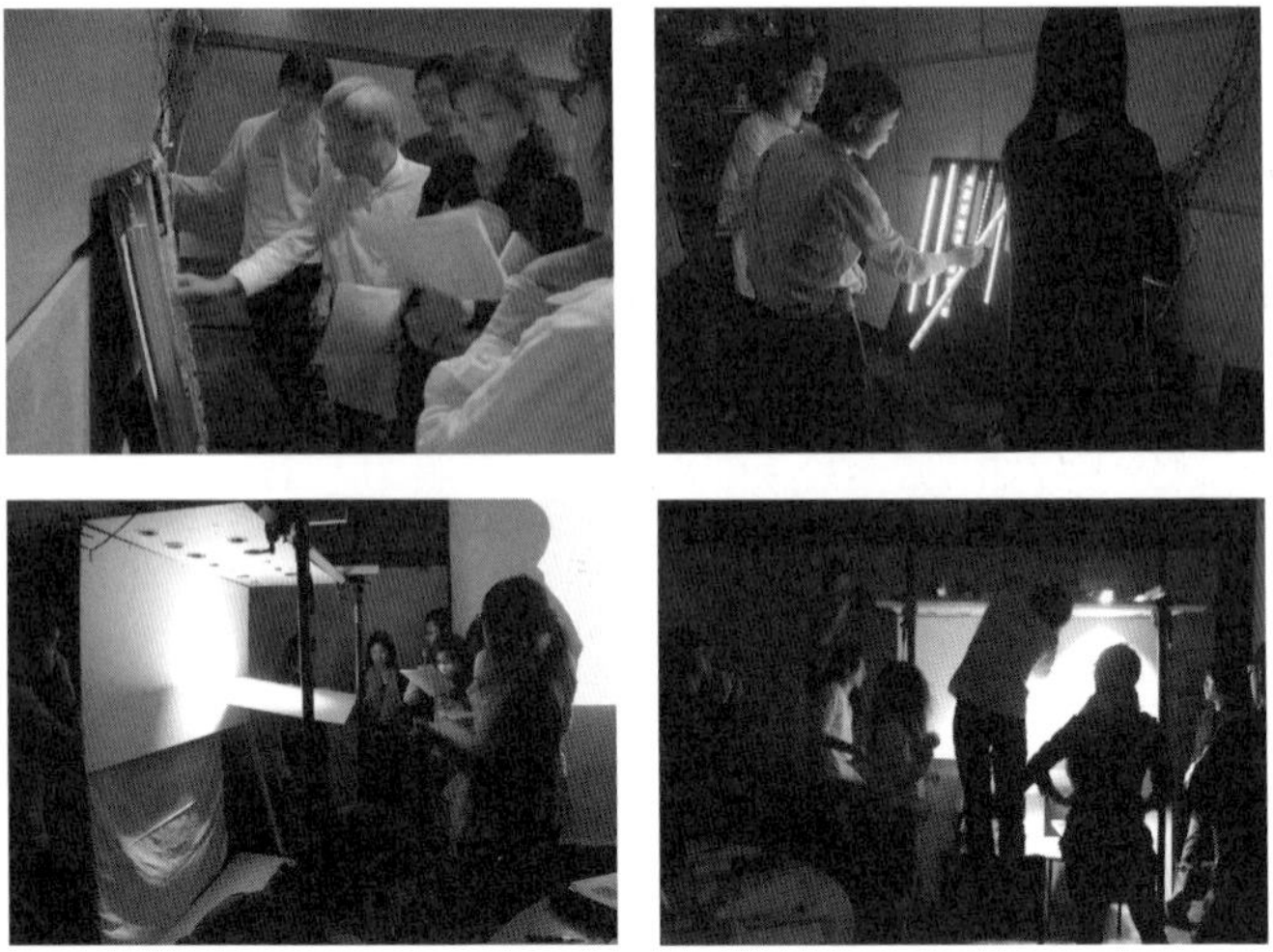

図50 LPA社内での照明器具比較検討会の様子

照明デザインの現場は、研究者が所属する大学や学術研究所と事情が違うので、このような状況の中で、私は「本物の技術を聞かせてくれる人」を特定している。この人に個人的に質問すると嘘でない回答が得られる、というのが私にとって大変重要なのである。それと同時に、正しい情報を聞き出し有用な新技術を評価するには、異なる立場の技術情報を取りそろえて比較検討することである。照明器具を製造販売する会社に対しては、カタログの中の美辞にだまされないために、できるだけ照明器具やシステムの実物を手にするようにする。あまりに関連する競合他社の製品が多い場合には、少しの期間照明器具などを借りて、事務所の中で複数の他社製品との点灯試験を行いながら評価する（図50）。

製品試験所のような公の機関に照明器具各社

の製品がそろっていて、自由に点灯実験して比較実験ができるようであれば便利であるが、ビジネスの世界ではそれが実現しないのが残念だ。

効率最優先の技術開発

新技術の真偽を見抜いた上で、さらにその新技術が照明デザインという仕事にとって本当に有用なものであるか否かも見極めなければならない。例えば、ＬＥＤ光源が開発され普及している現在は、ランプの発光効率を高め器具効率を高めることが要求されているので、技術者は光源の性能を高め照明器具の効率を高めることに、多くの精力をつぎ込んでいる。その結果私たち照明デザイナーにとって使いやすい光の道具、品質の高い照明器具になっていない場合がある。高効率は経済産業省も推奨する国家的にも大切な指標であることに異論はないが、高効率にのみ邁進していると、ランプからの眩しさを増大したり配光制御への配慮を欠いたりする製品になることがある。ＬＥＤ器具が普及してきて、グレアカットオフアングルの浅いダウンライトが増える傾向はないだろうか。また効率が高いというだけで、低い色温度のＬＥＤが敬遠され、白色のＬＥＤによる屋外の公共施設が増えている傾向はないだろうか。効率の高さを求める技術だけでは採用できない照明デザインの現場もあるのだ。

ＬＥＤの功罪

照明デザインは日進月歩の照明技術の開発によって多彩な技を磨き、つい数年前までには実現できなかった照明手法が可能となり、新たな光環境を出現させている。そのことは照明デザイナーにとってても画期的なことであるが、照明技術が加速度的に発展し、私たちの日常生活が限りなく便利になることに対して私は別の心配を募らせている。例えばＬＥＤの効率が予想以上に早く向上したために「今まで以下の消費電力で今まで以上に明るくできます」という商業的なキャッチフレーズも出現した。ＬＥＤのＲＧＢ調光技術は、誰でも簡単に好きな色の光を操れるようになったが、このことは照明デザイナーなど起用せずに、自ら施設の派手な演出照明することができるようになったことを意味している。これまでは広告看板業だった人びとが、ＬＥＤのおかげで照明デザインの仕事も兼務することができる。

また、ＬＥＤという光源だけでなくコンピューター制御のシステムにも大革命が起きようとしている。しまいにはみんなが携帯するモバイルギアによって光や空調などの設備を自由にコントロールする時代が到来するだろう。コンピューターに依存し過ぎたコミュニケーションや生活習慣には危うさを感じている。何か大切なものを置き忘れて、技術主導の便利なだけの日常にはしたくないが、私自身にその大きな波をせき止める力はない。ｉＰｈｏｎｅやＰＣから完璧に逃れた生活をひと月くらい試してみてはどうだろうか。光の断食道場のアイデアに通じる奇策ではあるが。

●作法13　昼と夜とを反転させよ

昼と夜とはもともと明暗、白黒、陰陽と同様の対の関係にある。生活の中での光の状況も昼夜で反転してしかるべきだ。昼に明るい太陽のもとで活発に働き、夜に暗い闇の中で心と体を鎮静させる。都市環境や建築の佇まい、住まいのあかりについても、昼夜の情景は基本的に反転の関係にありたい。昼は均一な自然光が外から降り注ぎ、夜は不均一な人工光が内から発光する。それが最も自然な営みの光景である。

都市夜景なども同様で、昼に煌々と太陽によって照らし出される街並みは、日暮れとともに全体的には闇の中に埋もれて暗くなり、家々にともる室内のあかりがわずかにこぼれる。街路灯などが設備される以前の街では、夜はひっそりと眠っていたに違いない。

ところが電気エネルギーが使われるようになると突然、街の景色は一変して、防犯のための街路灯が設備され、交通の安全を守るための道路灯が出現し、都市の夜景は昼夜の反転した関係を崩していった。道や広場を機能的に明るくするだけでなく、街のランドマークとなる橋梁やタワーや歴史的な建造物などもライトアップされ、街並みとして演出するために、都市ファサードは外から照らし出されるようになっていった。

パリの夜景

夜景のメッカとして知られるパリには、私は学生時代から何度も足を運び、照明デザイナーとなってからもつぶさに夜景を視察した。中世にパリの地下を採掘し、そこから出る石をもってパリの建築が建てられたそうだが、それらの歴史的建造物は建築の外部から丁寧に投光照明されていて、観光客を夜の美しさで魅了している。また、１８８９年のパリ万博のときに建設されたエッフェル塔もまた、初期には外からの投光照明で演出されていたそうだが、その後に効率を高めるために構造内部から照らし上げる照明手法に改良された。私はエッフェル塔が内部から神々しく輝く姿が好きなので、時々タワーの足元まで行きタワー真下から構造内部を見上げることがある。建設当時の繊細な鉄骨の技術が保存され、内部から燃え立つように照らされている様には感動する。東京タワーにも同様の魅力を感じるが、構造デザインのエネルギーと美しさはエッフェル塔に勝るものはない。

しかし昨今のパリは観光行政に余分な力が入り過ぎたせいなのか、ＬＥＤを使った節操ない色光によるグラフィカルな演出と、ストロボライトの派手な明滅によってその品性を失う時間帯がある。記念撮影をしに訪れる観光客の気を引くためだけに、世界中の文化遺産が原色の光に苛まれる現状は防ぎようのないことなのだろうか。安易なエンターテインメントが過ぎると思われる。

日本の夜景

私はパリを代表とする欧州の都市が、観光行政の指導もあってさまざまに手をつくし、ライトアップを中心にした夜景づくりをしていることを評価はしているが、その照明手法をそっくり日本に輸入してくることには懐疑的である。私が担当した東京駅丸の内駅舎のライトアップでは１００年前に建設された洋風建築なので繊細な投光照明を提案したが、そこでも建物内部から漏れる窓明かりを大切にデザインした。

明治神宮でライトアップの計画を依頼されたときには外からの投光照明をほとんど使わずに、神社建築の内部から溢れる暖かいあかりを大切に、わずかな光量の優しい表情を創っていった。石造りの建築は構造上、大きな開口をとることができず、建築の内外が厚い壁で隔てられているので外からの投光照明が適当ではあるが、日本のような柱梁によって構成される木造建築では、できる限り内部の光が漏れるような夜の外観が好ましいのではないかと考える。つまり和風建築は自然を愛でるようにつくられているので、昼夜の反転という基本原理がスムーズに適用されるのである。

ガーデングローブ・コミュニティチャーチ（ガラスの教会）

欧州や日本の建築を対比して昼夜の建築の表情を語ったが、実はこの「反転せよ」のセオリーを私が学んだのはアメリカの現代建築からであった。私がこの道に進んだ後にアメリカ建築の視察行脚をしたときに訪れた、ロサンゼルス郊外ガーデングローブに建つ、ガラスの教会である。建築設計はフィリップ・ジョンソン、照明設計は私が師と仰ぐアメリカの照明コンサルタント、クロード・エンゲルの仕事である。

この建築はジョンソンの野心的なデザインで、全体が熱線反射ガラスに覆われているので、昼には晴天の空を映し出すマッシブなボリュームが、夜間になると突然反転し行燈のように発光する。教会内部のダウンライトが床を反射し、ナチュラルグロー（自然な輝き）となって溢れ出る。その姿は大地に設置された巨大な行燈のようである。

私はこの建築のみを体感するために現場に赴いたのだが、いくら待ってもその日は内部の照明を点灯しないと言われて落胆した。何度も粘って拝み倒すように管理担当者に懇願したが、それでも教会はウンと言わない。がっかりした私が現場を立ち去ろうとするそのとき、落胆する私の後ろ姿に哀れを感じたのだろう、夕暮れの教会に照明が点灯した。私は泣きそうになって現場に立ち戻り、反転した光の塊を夢中で撮影したのだった。反転する教会に遭遇したことを今でも感謝している（図51）。

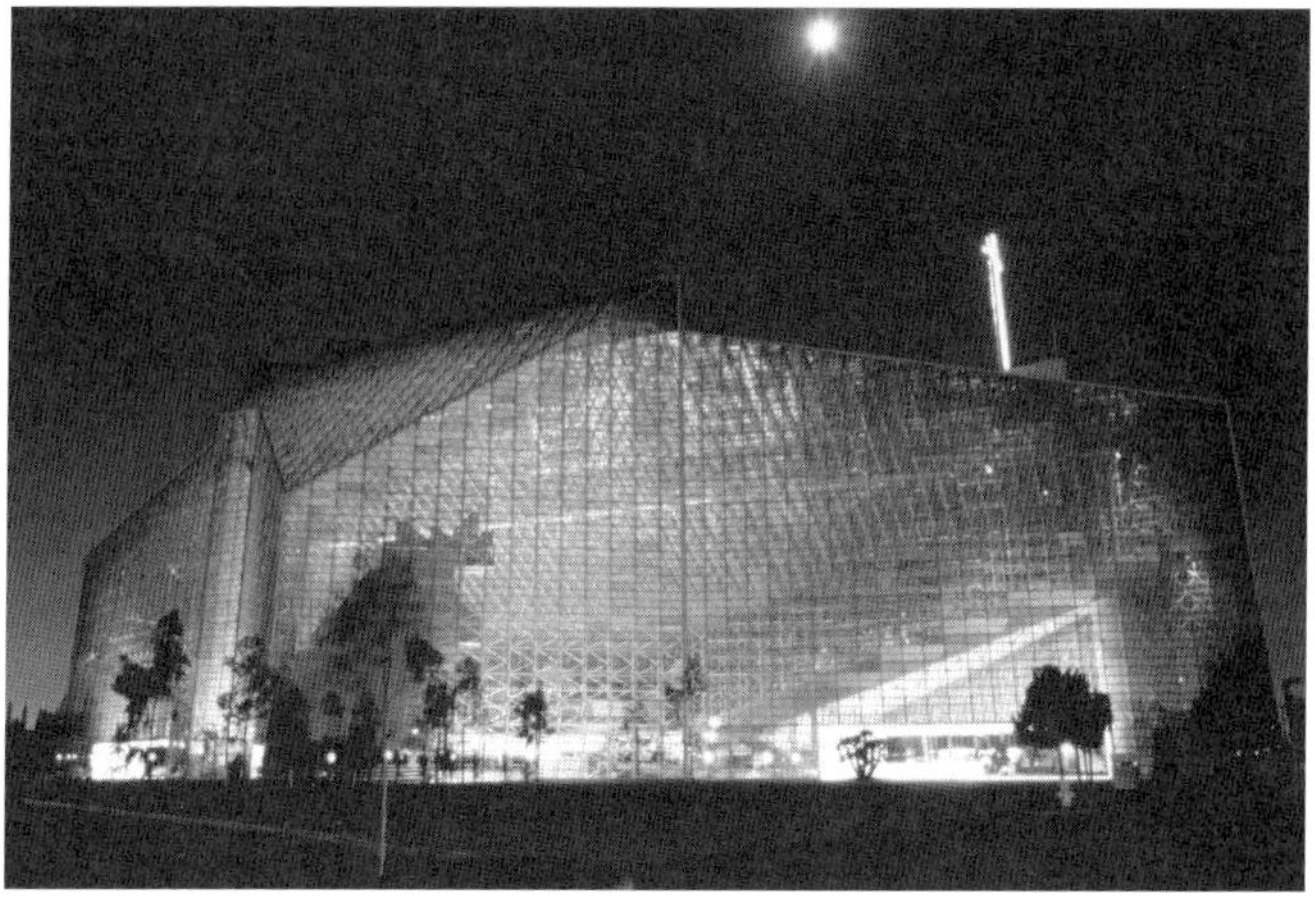

図51 ガーデングローブ・コミュニティチャーチ（ガラスの教会）の夕景と夜景

●作法14　光の時間割を示せ

光のデザインは時のデザインだ。自然光はひと時として静止せず、時の流れを刻んでいる。自然光が刻々と変化する日中はもちろんのこと、夜間にも月や星など微かな光は時を刻んでいる。夜に蛍光灯がもたらす安定した家庭の明るさが、私にはあたかも時を止めてしまっているように思えてならない。自然のルールに反しているようで受け入れられない。

不安定に揺らめくろうそくのあかりが創り出すような、時を感じる生活情景を大切にしたいと思うのだ。そのような信条から、私は現代の照明デザインは意識的に時間の経過を図表化してみる必要があるのではないかと思っている。

ホテルでの光の時間割

ホテルのプロジェクトでは早朝から深夜まで、あらゆる来客に対応するために光環境を考える。特にレセプション、フロント、ロビーラウンジなどが位置する接客空間を中心に、光環境を細かく変化させてくためのシーン設定を行いオペレーション・ダイヤグラムに置き換えていく。早朝にチェックアウトする客に対応するためにレセプション空間は朝の爽快な光を提供する。爽快さを演出するためには夜間よりは高い照度で、しかも快活な自然光を思わせるためには３００ルクス程度まで照度を高くする。昼には朝ほどの快活さは必要でないので、色温度を下げてゆったりした流れの時間を演出する。夕暮れ時近くにチェックインする客を迎える光は50ルクスほどの全般照度に200ルクスほどのアクセントライト。もちろん色温度は2700K程度に下げて安らいだ感覚を創り出す。夕食の時間帯もすぎてバータイムになるとさらに照度と色温度を下げていく。

このようなシナリオはホテルの典型的な一例だが、これらの時間割を各種の照明手法と配線回路に落とし込んでダイヤグラムを作成するわけである。ホテルのようなホスピタリティ空間だけでなく、昼光に影響されるロビーをもつオフィスビルや、空港や駅舎などの交通施設、美術館や劇場などの文化施設などにも同様の提案がなされるようになってきた。まさに、時のデザインが徐々に洗練された光の時間割を必要としてきたのだ。

原広司さんの「光楽」、影のロボット

光の時間割やオペレーション・ダイヤグラムのアイデアは、もともと舞台照明デザインの中でのシーン設定に似た作業でもあるが、私が発想を転換したのは建築家の原広司さんから教示された音楽ならぬ「光楽」の概念と技に接してからである。

それは1997年に制作した「影のロボット」に組み込まれた8種類の光をそれぞれに光を奏でる楽器と見立てて、それを楽譜の中に表示していく、という手法だった。原さんのスケッチは最

高にうまく味わい深いものなので、短いサイズの白いロールトレペの左から右に描き出していったのを覚えている。まるで絵巻物のようでもあり、メトロノームが時間を刻むようにして、音符の代わりになる光の記号を連続的に並べていったのだ。その貴重なスケッチは原さんご自身が所持しているのだろうが、できればもう一度原画を見たいものである。いずれにしても結果的には8種類の光の楽器を使った変奏曲は14分の長さに収まって、無音の中での演奏会となったのである。

180秒の光の楽譜

そのような貴重な経験があったので、私は常に光を時間の中で図式化するということに興味があった。それを実験的に試してみたのが、私が教鞭をとっていた武蔵野美術大学の学生課題だった。光を使ったほぼ1か月の演習課題で「光で環境を変容させよ」というテーマだ。学生は30人ほどのチームを組み、大学構内の特定の環境を見つけ出し、夜間になってその環境を180秒の時間軸の中で音と光で自由に変容させるという課題であるが、光のパフォーマンスだけでなく、180秒という光の楽譜を制作しなければならない。

私は3分＝180秒というのは間合いを計るトレーニングとしても大切な単位だと考えている。見ず知らずの人に自分を紹介するようなときにも180秒あれば十分だし、長くはないが短くもない時間の尺度だ。毎年学生たちは美大生らしく自由に工夫した180秒の楽譜を提出し、課題を終了する。そして私はその楽譜をとても楽しみにしている。

円形の時間割（シンガポール・チャンギ国際空港ジュエル・プロジェクト）

それらの光学の楽譜は14分であったり180秒であったりする。左から右に流れる時間が表記され、帯状の表組になるのだが、私は2年ほど前に円形の楽譜を考案したことがある。それは現在進行中のプロジェクトで、シンガポールのチャンギ国際空港に2018年に完成予定のジュエルと名付けられた複合商業施設である。建築家のモシェ・サフディのアイデアは奇想天外で、巨大な楕円形状のガラスドームの中にうっそうとした森をつくり大量の水の演出とともに24時間アクティブに活用される公共空間を創るというものだ。

ランドスケープデザインはピーター・ウォーカーが担当し、私たちは全域の照明計画を担当している。私の考案した円形の時間割（オペレーション・ダイヤグラム）というのは、24時間のそれぞれに連続して回転する体内時計をイメージしたために、24時間時計の上に時間割を表そうというアイデアに結びついたものである（図52）。

シンガポールのプロジェクトは常に集客のためのエンターテインメントも要求されるので、このプロジェクトでも建築照明デザインは気取ってばかりはいられない。24時間時計の盤面に発想されるさまざまな光の様相が、洗練された時間割となって機能し、これまでに見たことのない時の流れの表現になることを願っている。

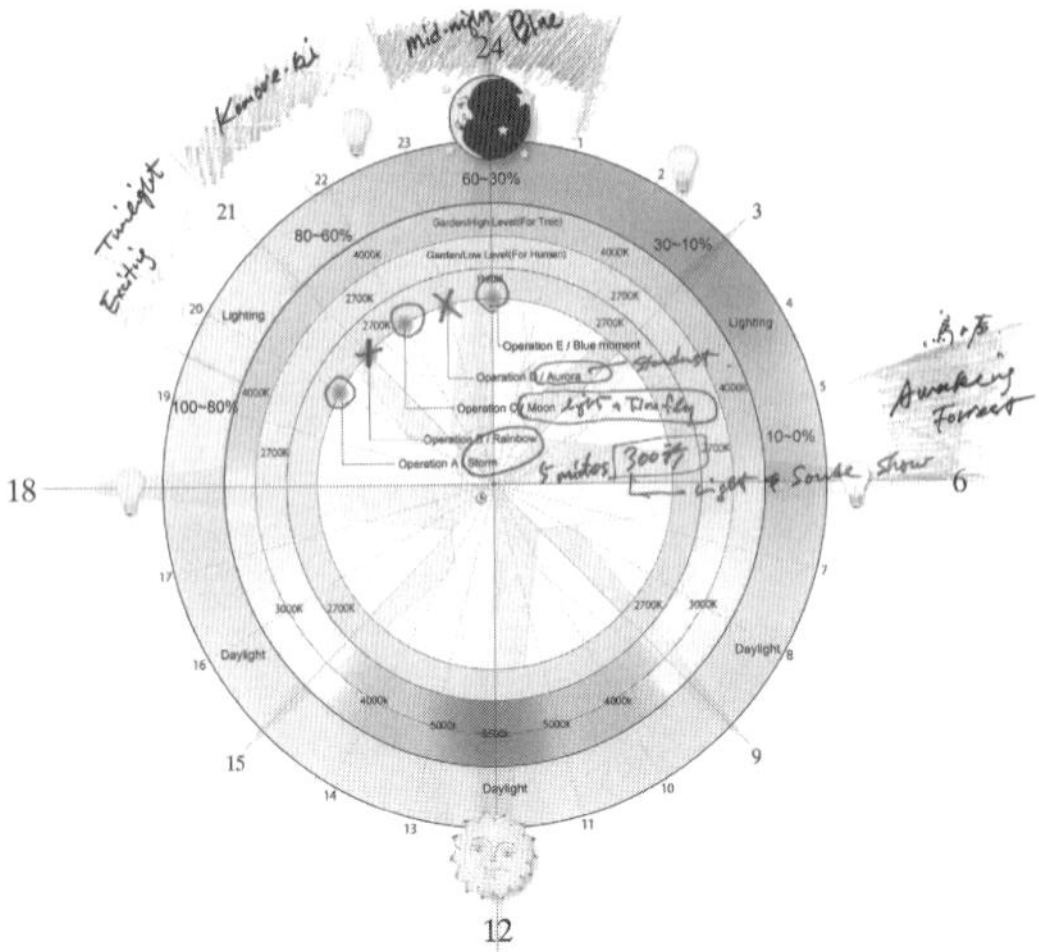

図52 オペレーション·ダイヤグラムのスケッチ「チャンギ·ジュエル」

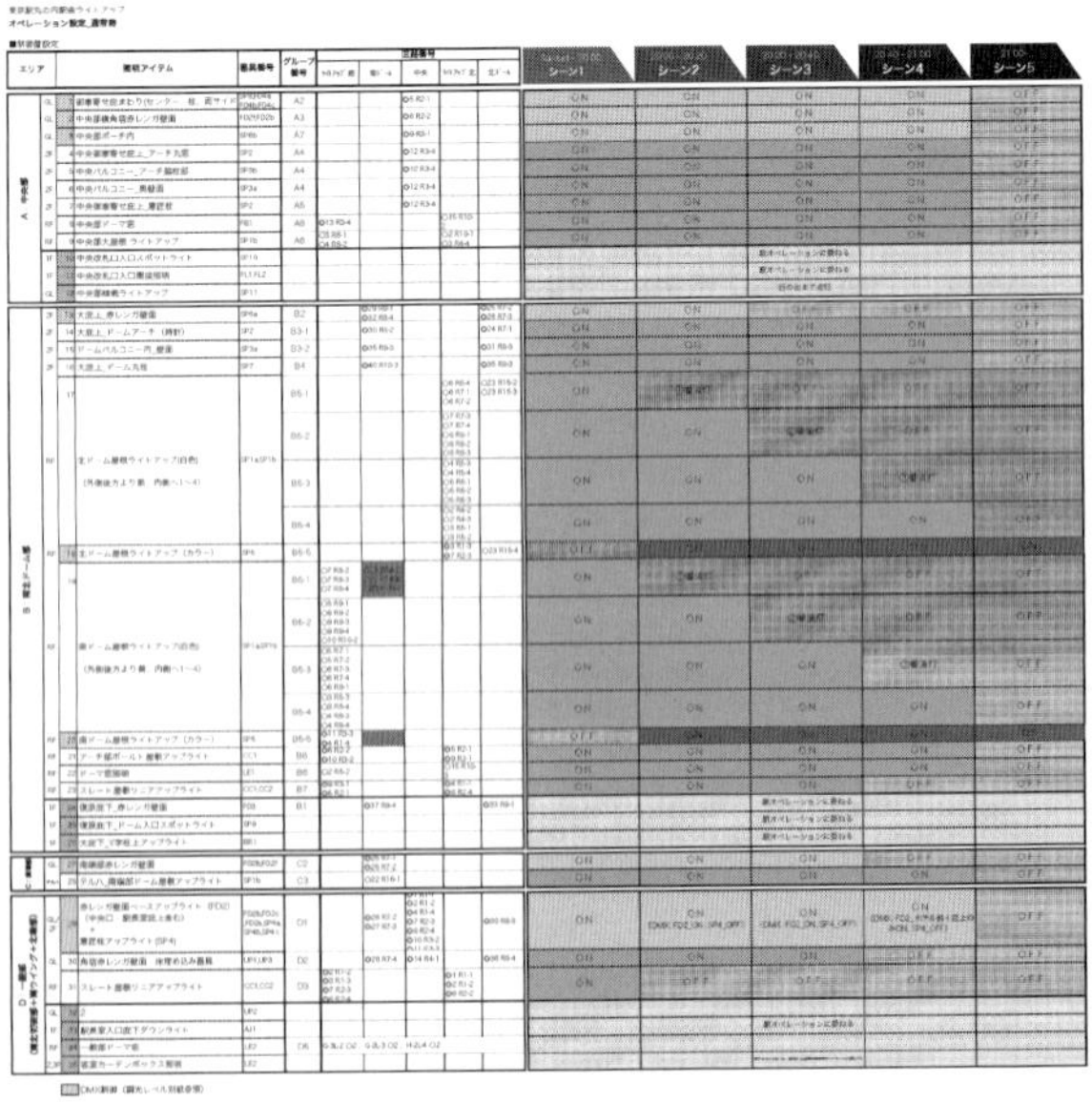

図53 オペレーション·ダイヤグラムの例 「東京駅」

●作法15　オレンジのために青を使え

シモ・ヘッキラとの出会い

私が照明デザインの道に入って数年した頃1984年ぐらいだっただろうか、家具デザイナーの川上元美さんから紹介されて、フィンランドのデザイナー、シモ・ヘッキラさんをヘルシンキに訪ねたときのことである。彼のオフィスでのミーティングが終わり、ふたりで夕食に向かったときのことだった。夏の終わりの爽やかな北欧の空気の中、私たちは歩いてレストランに向かった。多分7時頃だったと思う。夕日が沈んだばかりと思われる夕暮れだったが、空一面が透明なブルーに覆われていたのに感動して、私はシモに「綺麗な空だね」と話しかけた。彼はいつものようにニコニコして頷いたのを覚えている。私たちはレストランに入り、日本とヘルシンキの気候風土の違いや木の文化の共通点などを話しながらの夕食を楽しみ、2時間ほどして店を出たときに私は再び目を疑った。まだそこには透明で濃いブルーの空が一面に残っているではないか。綺麗な北欧の夕暮れ空に感嘆して2時間以上も経ったのにいまだ夜はやってこない。そこには昼とも夜ともつかないうっとりする青い薄暮が横たわっている。びっくりしてしばらくうっとりと空を眺めていると、シモはまた微笑みながら「これを私たちは〝ブルーモーメント〟と呼んでいる」と教えてくれた。私は一日中夜が明けない冬期とは逆に、なかなか夜を迎えない夏があることを知った。そして何時間

図54 バイキングライン(船)から観るブルーモーメントの大地

もブルーの空に支配される北欧の街もあれば、東京のようにわずか10分で夜と昼の交差点を通過してしまう街もある。ヘルシンキでのこのわずかな経験は、それからずっと私の体に染み付いていて、透明で濃い青色は私の照明デザインの原点にもなっている。

ブルーモーメントの感動の理由

なぜ青い光の色がそれほど私の気持ちを捉えたのだろうか。私は物体の色としてはむしろ黄色の方を好む傾向にあり、プリントされた青色や衣服の青を好んで選択しない。しかし光の青色は別物なのだ。その答えを教えてくれたのもその後に訪れた北欧の旅だった。

大学のゼミの学生たちを連れて照明探偵団の世界フォーラムに参加するためにストックホルムに行ったときのことだ。ストックホルムからヘルシンキまで移動する船の甲板で、再び感動の「ブルーモーメント」に出合っ

図55 青の背景に浮かぶマッチの炎

た。学生たちと共にうっとりと青い薄暮に心を奪われているると、街のあちこちで家々のあかりが点灯しだしたのだ。その家々のあかりが全て愛おしいオレンジ色なのである。青い大空をキャンバスにして、その中に火のように暖かいオレンジ色がポツポツと加えられていく。いつしかその暖かい家々のあかりが集合し、天空の「ブルーモーメント」と大地の街あかりが完成した。そのときに私は「青い空はこのオレンジ色のあかりのためにある」と実感したのだ（図54）。

残念なことに、私の住む東京では短い「ブルーモーメント」に心震わせる人も少ないが、この美しい青の瞬間を迎えても、家々に点灯するあかりは暖かいオレンジ色とは限らない。いまだに白色の蛍光灯を住まいの主光源として使っている多くの日本人にとっては、青い空を鑑賞する暇もないのだろう。青とオレンジの不可分な関係に気づいていないのは残念なことである（図55）。

青色光へのこだわり

仕事の中で青色の光に最も深くこだわって使っているのは舞台照明家である。青色のカラーフィルターは最も色抜けが早いので、自分の気に入ったフィルターを消耗品としてたくさんストックしているようである。青色フィルターは種類が多いので、それぞれの舞台照明家は自分の得意とする青をもっている。もちろん光の色なので絵の具のように濃い青は存在しても使えない。インディゴブルー、ネイビーブルーなどはダメで、ターコイズブルーやエメラルドブルー程度からは光にも置き換えることができるが、それも白いキャンバスに投影するようなことでもない限り、光の色はフィルターのようには純粋に再現されることはない。そこに光の絵の具の難しさと面白さがある。

建築照明デザイナーにとっては耐久性も重要なので、舞台照明家のようにプラスチックの色フィルターでなくガラスフィルターやダイクロイックフィルターなどを使って青を出すが、ステンドグラスの技術に長けたフランス製でもない限り、舞台照明のように多彩な青は出しづらい。ダイクロイックミラーとはガラスや鏡面アルミ材の表面に薄い光学被膜を施して、ある波長の光のみを取り出す技術であるが、これも微妙な青は創りづらく私の経験でも周囲に不要な紫などが出てしまうこともあった。

近年ではＬＥＤのＲＧＢ（赤・緑・青）の三波長調光で何万色も創り出すことが可能になったということもあって、照明デザイナーも徐々にこれを活用することが増えてきたが、いまだ洗練した仕事の成果には至っていない。ＬＥＤを使うと色光が簡単に創れるので安易な青ばかりが目につき出したのだ。青は単色でないことが一般レベルで理解されるには、もう少し時間がかかりそうだ。

光の芸術家として知られるジェームス・タレルの仕事には常に感動させられるが、彼が好んで使う青は誰も真似ができないに違いない。タレルの青は独特だ。彼に倣って、全ての照明デザイナーが最低3色ぐらいの秘伝の青を隠しもってほしいものである。

光はわずかな色の対比で息づいてくる。基本は青・白・黄・オレンジまでの自然光のなだらかな色調の中にある。特に微妙な青の使い方は愛おしいオレンジのためだけに心を込めて創り上げたいものである。

●作法16　建築そのものを照明器具化せよ

建築照明デザインとは、できあがった建築設計の図面を受け取って、そこに各種の照明器具を取り付けていく仕事ではなく、建築設計の一部としていろいろな手当てをして建築そのものを照明器具化していくところに醍醐味が生まれる仕事である。うまい照明のアイデアに出合うと建築それ自体が輝きを発してくる。そのプロセスに成功した建築はそれ自体が照明器具のようにさえ見えてくる。そのために照明器具自体は存在感を極力なくしながら、最高のパフォーマンスをする光の道具に徹するべきなのである。

東京国際フォーラム

そのことを雄弁に語る代表的な仕事は１９９６年に完成した「東京国際フォーラム」である。

１９９０年の8月8日に私はライティング プランナーズ アソシエーツ（ＬＰＡ）という会社を設立登記したのだが、その3日後の8月11日に建築設計者のラファエル・ヴィニオリ事務所から電話がかかり、この名誉な仕事への参加が打診された。何かの因縁のようなものを感じながら私は3日後にニューヨークの彼らの事務所を訪ねて業務契約の話をまとめてきたのだ。

このプロジェクトは東京都のメガプロジェクトとして話題を呼び、国際建築設計競技でヴィニオリ案が一席を獲得したのであるが、選ばれたコンペ案はいまだ基本設計の終了を意味していなかった。ヴィニオリ事務所は構造、設備、舞台、音響、照明など、各種のコンサルタントを協力設計事務所として招聘し、共に戦うデザインチームとして組織した。

このプロジェクトを最高品質の建築照明の実例とするのは、まず照明デザイナーが建築設計の早期から参入し、照明デザインのプライオリティが高く位置付けられていたからである。建築設計者自身が光に対する強い期待とイメージをもっていたこともあり、計画初期の段階から遠慮会釈ない設計上の議論が取り交わされたのだ。

計画初期の段階では毎月のようにヴィニオリ事務所のあるニューヨーク、ソーホーの事務所にデザインチームが集合し、コンペ案をどのように高めていくかのワークショップに明け暮れる。私が最も印象に深く感動したのは、このプロジェクトの要でもあるガラスホールの屋根構造についての議論である。巨大な屋根構造は2本の柱によって支えられているが、船底型の屋根は初期の段階ではトラス構造で設計されていた。ヴィニオリはその従来からのトラス構造を否定して、構造設計家の渡辺邦夫さんに強い口調で斬新な構造デザインを要求する。まるで喧嘩腰の口調はもともと彼が南米出身の情熱的な性格だからであったが、構造論議を半ば傍観していた私に「照明としてはどっちがいいんだ」とヴィニオリは突然質問したのだった。できあがった現場はトラス構造より数倍も魅力的で彫刻的な構造になっているが、この構造断面についてもどのように光を受けるべきなのか

図56 東京国際フォーラムの光床、光壁、光天井

を何回も質問されたことを思い出す。彼にとっては構造設計自体も光によって輝き立つオブジェとしての意味をもっていたのだ。ヴィニオリのように光のデザインについて熱い議論を挑む建築家に会ったことはない。私は彼の熱気にあてられてこの仕事に没頭していったのである。

建築そのものを照明器具化するというテーマの好例として東京国際フォーラムを挙げるのは、ガラスホールに出現した宙に浮かんだ構造オブジェの成功だけではない。むしろガラスホール地階から立ち上がる木製壁に照射されたアップライト・ウォールウォッシャーや、至る所に配置された高品質な壁面照明なども、照明器具の存在感を少なくして建築を輝かせるための重要な照明手法になっている（図56）。

自ら発光する平面

しかし、何と言っても他のプロジェクトに対して圧倒的な建築照明の特徴は、光床、光壁、光天井といった、均一に発光する平面である。これをルミナスプレーンと呼んでいたが単純には建築部材として扱われた巨大な発光面だ。公共施設の主要導線部にこれほど多くの発光面が使われるのは初めてであった。とりわけ中庭を挟んだガラスホールと劇場ホールを結び付けるようにしてコの字型に配置された幅7・5mの光床は圧巻だ。これだけの拡散ガラスを屋内外に使用するために、堅牢なディテール、歩行のためのスリップレス加工、光の拡散性能など、さまざまな点からモックアッ

図57　発光するホテル・ポリーニャ

プ実験が繰り返し行われた。この光床内部には40Wの直管蛍光ランプが下向きに設置され、白色塗装されたスラブを反射してガラスを輝かせるようになっている。また地階の通路などに多用されている光壁についても同様に、白塗装の壁面に向けて間接的に光を当てているので、光壁には保守のために中に入ることのできる寸法を付加して設計している。多くのぜいたくなディテールがきちんと施工されたことを誇りに思っている。

この建築的な発光面は「東京国際フォーラム」のみならず、私たちの多くのプロジェクトで実現している。伊東豊雄設計の「ホテル・ポリーニャ」の外装ガラスブロック壁、日本設計の「新宿アイランド」の外構に配置された光のシリンダー、「大阪シティエアターミナル」に通じる地下通路の波打つ発光面、磯崎新設計の「ビーコンプラザ」の光天井などである（図57〜59）。

建築そのものが照明器具のように見えるための技術は発光面だけではない。ＬＥＤ技術の飛躍的発展などはさらに新たな手法を開発して建築のダイナミズムを夜に伝えるものになっていくだろう。しかし最も肝心なことは建築設計の発想時点から強く設計者が光を意識し、光の設計のプライオリティを高く位置付けることにある。

図58 ビーコンプラザの光天井

図59 大阪シティエアターミナルのガラスブロック地下通路

●作法17　金を掛けるな

金が掛かった時代もあった

ひと昔前までは、照明デザインを頑張ると金が掛かっていた。こだわった照明デザインには費用が掛かるとされていたのである。建築空間での照明では少し頑張ってしまうと豪華な光のオブジェや特注シャンデリアなどを設計したり、既製品の選択でも欧米からの輸入品を選択していたからだ。屋外照明の分野では、国の補助金を利用して地方都市の目抜き通りを刷新するようなプロジェクトの場合、その土地にちなんだモチーフを街路灯デザインに取り入れることが多く、照明デザインに凝るということは、とりもなおさず特注街路灯にお金を掛けるということだった。著名な照明デザイナーを起用して優れた照明デザインを実現させたいとは願うものの、デザイナーへの設計料や建設コストが増大することへの心配から、頼み切れないといったケースもあったと思われる。

そのようなかつての心配事を払拭するのが建築照明デザイナーである。今はもう金を掛ければ優れたデザインが成立するという時代ではない。ローコストが優れたデザインを引き出すとも言いづらいが、コストが限られている条件下では建築と光の本質的な関わりに戻って思考するしかないから、かえって照明手法のアイデアが豊富になる。金がなければ知恵を絞るのだ。建築上の処理を要するだけで高価な照明器具がいらない間接照明などは、ローコストを追求したところから生まれたアイデアでもある。建築照明デザイナーは豪華な照明器具のデザインをするわけではなく、法外な照明予算を要求したりはしない。私たちはおよその照明器具や電気工事の予算について、施主や施工者と十分確認をした上でデザイン業務を開始することにしている。

ＬＥＤの価格と品質評価

しかし建設コストを抑えようとするときに、忘れてはならないことが照明器具や調光システムなどの品質である。同じように見えて光の品質や機械的性能が異なる製品は市場にたくさんある。特にいまだ発展途上のＬＥＤ照明器具には常識はずれに安価なものも市場にはある。この価格と品質の関係を正しく見極めなければならない。やはり一般的には市場価格が激安のものにはそれなりの理由がある。特に光学制御技術が働いたダウンライトやスポットライトなどの照明器具に限っては、安価なものはいい加減な照明効果や品質の低い光しか得られない。照明器具からひどいグレアが発生していたり、レンズによる配光制御ができていないために照射面での光が汚かったり、不要な光漏れがしていたり、発熱に対する対策がされていなかったり、というように大切な品質が守られていないことが多い。壁面を均一に照明するためのウォールウォッシャーに至ってはその品質の違いはてきめんなので、私は安価なウォールウォッシャーを決して使わない。品質の悪い壁面照明用器具ほど困るものはないのだ。

この安価なＬＥＤ照明で特に気を付けなければならないものは、リニアＬＥＤと言われる直線状にＬＥＤ素子が収められた照明器具である。これにもまた市場価格の差が著しい。これらの照明器具は室内の間接照明や壁面照明に使われたりもするが、大量に使われるのは屋外照明である。高層ビルの外観照明などでは数億円も掛けて実施する場合もある。その投資額に見合った照明効果がＬＥＤの長寿命とともに約束されればよいのだが、多くの現場で施工後に部分的な不点灯が起きたり、全面的な不具合が起きたりしている。賠償金額の大きな場合は裁判にもなっている。私が関わった大小のプロジェクトでもさまざまな不具合が起こっていて、設計責任を問われた場合もある。

私の目の前に比較のために置かれた数本のリニアＬＥＤ器具があったとする。それを照明デザイナーとして品質評価するには点灯して光の効果を比較するわけだが、どれだけ耐久性に長けているか、施工の不具合を呼ばない製品なのかといった点は、光を見ただけでは見極められない。最終的には、その製品が信頼できる品質管理や暴露試験など行った上で製作されているか、そしてその会社が製品と施工に対して3年、5年、7年という長期の品質保証期間を約束しているか、ということが重要な判断基準になってくる。

いずれにしても悩ましい価格と品質の判断がここには必ず生じてくる。「金を掛けるな」、しかし「安ければよい」というわけでもない。

ホテル・ポリーニャの成功例

私が金を掛けないことでの成功例としてまず思い出すのが、北海道斜里岳のふもとにできた宿泊施設、「ホテル・ポリーニャ」だ。伊東豊雄さんの設計で１９９２年に竣工した。このホテルは26の客室をもつ小さなブティックホテルだが、地元の施主は法外に低い予算を前提にした設計を依頼してきた。伊東さんは慌てた雰囲気もなく「照明は極力廉価なものにしよう」と話されたので、私は金を掛けない照明がいかなるアイデアを生むかを考えた。照明器具の数を少なくすることと、照度をミニマムにすること、そして建築のディテールに注文することを心掛けた。その結果として大成功だったディテールが、ガラスブロックで覆われた客室通路の照明だ（図60、61）。

断面スケッチに描かれた通り、幅80㎜の天井スリットに全般照明用の26Ｗの電球色蛍光ランプと、客室ドア前を狙う12Ｖ20Ｗの狭角ハロゲンランプを設置したのみの照明だ。照明器具というには質素なものだが、建築照明としては十分な効果を発揮した。施主は照明効果の自動切り替えも不要とし、時間になって自ら照明を点灯したり消灯したりするのも、お客さまに対するおもてなしの仕方だと話してくれた。調光もタイマースイッチも使わない安価な照明デザインがここに成立した。

図60　ホテル·ポリーニャ　4種の客室通路照明

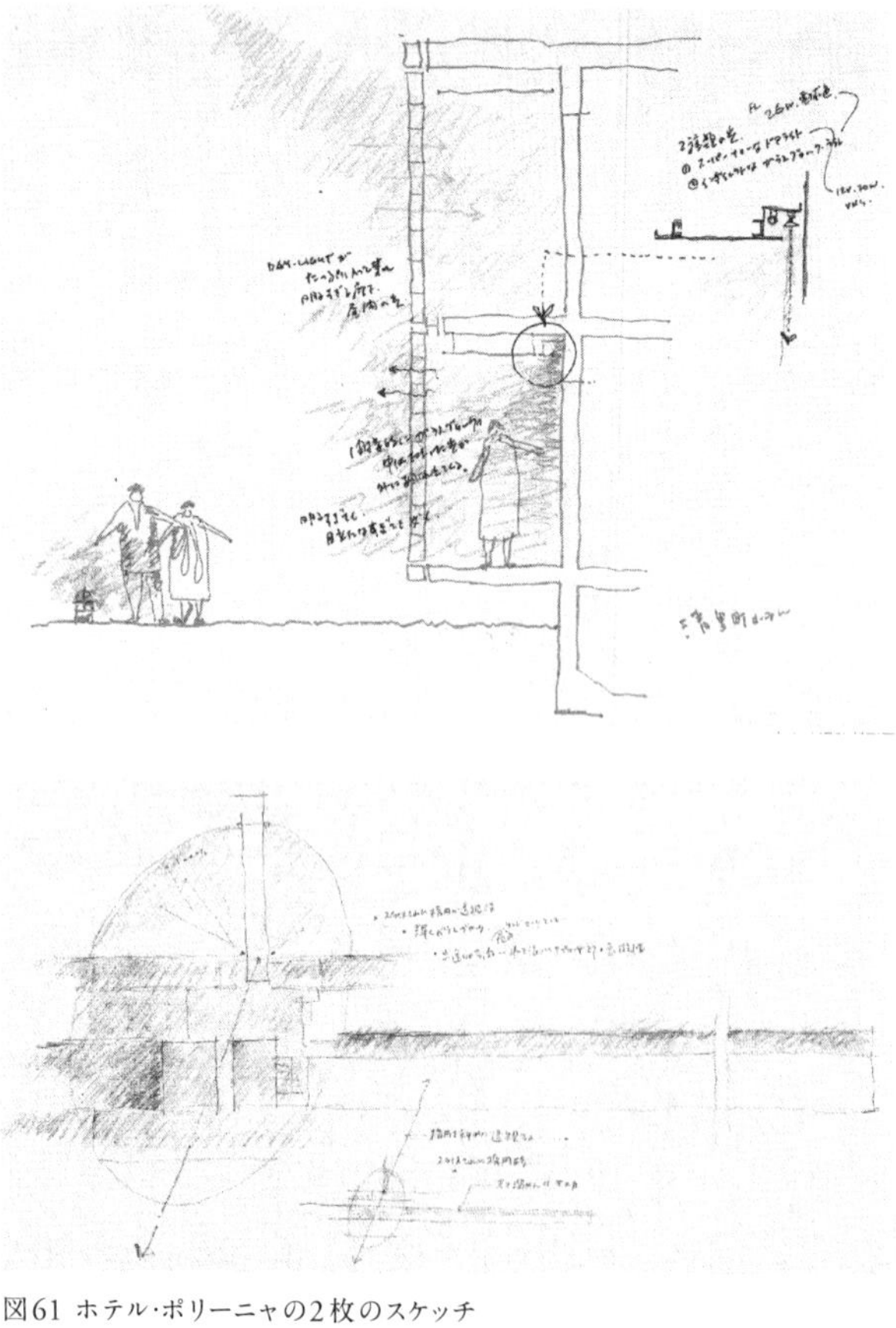

図61 ホテル·ポリーニャの2枚のスケッチ

●作法18　グレアレスから出発しろ

眩しくないということが照明デザインの初歩的な快適性を示す指標である。そのことに異論をはさむ人はいないはずだが、少々の眩しさはいとわないという日本人が多いことにも驚かされる。「眩しさ」とは音でいうなら「うるささ」、匂いでいうなら「臭さ」、味でいうなら「まずさ」にも匹敵する不快さの指標であろう。うるさいことも臭いことも美味しくないことにも敏感に反応する日本人が、どうして眩しさについては鈍感でいられるのだろうか。これがどうしても私には理解できない。

ランプ剥き出しのコンビニと街路灯

コンビニエンスストアやドラッグストアの蛍光灯剥き出しの店内照明の眩しさは、その最たるものだ。最近は蛍光ランプがＬＥＤ照明になってきて高効率化をしてきているが、光源を直視する眩しさは一向に改善されない。それに反して、ストックホルムで私が見たセブン・イレブンは柔らかい間接照明で、しかも白色ではなく電球色に近い暖かい色味の蛍光ランプが使われていた。眩しくなくゆったりと落ち着いた雰囲気のセブン・イレブンにびっくりした。眩しいランプ剥き出しが日本のコンビニの特徴で、それは北欧では受け入れられる基盤がない。

それと同様に屋外環境でも水銀灯や高圧ナトリウムランプなどの高輝度放電灯が、街路灯や広場や公園の保安灯として眩しさを放っている。最近になって環境省の「光害防止条例」などの影響もあって天空に向けられた障害光は少しずつ解消されてきているが、まだランプ丸出しの照明器具がたくさん放置されている。剥き出しのランプは周囲を明るくするつもりなのに、その光源輝度が高すぎるために人間の目にはかえって周辺が明るく見えなくなる。ランプだけが輝いていて周囲の人たちは半ばシルエットに見えてしまうのだ。また、私が住む隅田川沿いのマンションの6階では、終夜点灯する目の前の公園灯の光が室内の壁と天井を煌々と照らし上げている状況である。大きな迷惑なので私はこれを光の家宅侵入罪と命名して糾弾しているが今もって改善されていない。

近代以降、日本人は洗練された光や快適な光の価値を忘れてしまった。あまりに明るさばかりを追いかけ過ぎたので、何が気持ちよい光なのかを見失ってしまった。光の過食症はここまでの合併症を生んでしまったとしか言いようがない。

建築照明の鬼才・エジソン・プライス

眩しくないという光の品質を私たち照明デザイナーは「グレアレス」とか「グレアフリー」「ノングレア」「ローブライトネス」というような言い方で表現するが、全てがアメリカで1950年代から発達した建築照明の品質を語る用語である。そのような眩しさを完璧に除去した照明器具のシリーズを「ダークライト」と呼んで開発していったのが、建築照明の鬼才といわれたエジソン・

図62　エジソン・プライス

プライスである（図62）。

エジソンは建築照明の草分け的な思想家であり技術者である。１９７８年に建築照明デザインの世界に入った直後に、私は上司であった照明デザイナーの小西武志さんに彼を紹介された。エジソンはニューヨーク・マンハッタンの60丁目、イーストリバーサイドに小さなガレージメーカーを営む社長であった。彼はミース・ファン・デル・ローエやルイス・カーンなどに始まる現代建築の発展に寄与し、その業績に対してアメリカ建築学会（ＡＩＡ）からゴールドメダルが授与されるほどの鬼才であった。リチャード・ケリーというこれも草分け的な建築照明コンサルタントや、その後のクロード・エンゲル、ポール・マランツといった著名な照明デザイナーの育ての親ともいえる。

建築照明デザインを洗練されたものにするために、照明器具を光の道具と捉え、各種の光学技術が効いた照明器具やトラックライティング（配線ダクトシステム）を開発していった。彼なくしてアメリカの照明デザインの発展は数十年遅れたに違いない。そのエジソンが提唱した基本性能がグレアレスなのである。

グレアレス・ダウンライトの追求

高純度アルミの電解研磨仕上げをベースに、白熱普通ランプを使用してダブルコーン（二重の曲面を合体した反射鏡）のグレアレス・ダウンライトがまず開発された。ランプの性能を最大限に生かしながらも、ランプと反射鏡からのグレアを仰角40度以内に抑えることを原則とした（図63）。それをグレア・カットオフ・アングルと呼ぶが、私は50度のものや60度のものまで特注で製作した記憶がある。オフィスの全般照明用蛍光灯器具のアルミルーバーではその角度を30度近辺まで下げて器具効率を優先したが、それらの角度設定は人間の通常視野と作業上の仰角を考慮したものであった。通常の作業視線でどの程度の角度でグレア・カットオフ・アングルを設定するかが課題となるが、日本ではその議論の高まりを生まないまま、40度の角度が緩和されていった。これも眩しさに厳しさを欠く日本の風土のなせる業であるのかも知れない。

エジソンの開発したダークライトの思想は、全般照明用の普通ランプのみに留まらず、シールドビームランプ、リフレクターランプ、そしてハロゲンランプやクリプトンランプなどにも適用されていった。グレアレスの手法も、電解研磨反射鏡だけでなく、コーン、バッフル、レンズにまで発展して現在の標準仕様の基となっている。中でもＰＡＲランプやＲランプの器具に使用したグレアレスコーンは、黒やシャンパンゴールドなどの電解研磨の特色にも波及し、洗練した建築照明の技法を開発していった。

煌めく照明器具に背を向けて、照明器具自体は輝かず、ひたすらにグレアレス、ローブライトネスを求める。十分に光の性能を発揮しながらも輝かない製品を創り込む。これを貫くことが、なかなか難しいことなのだ。

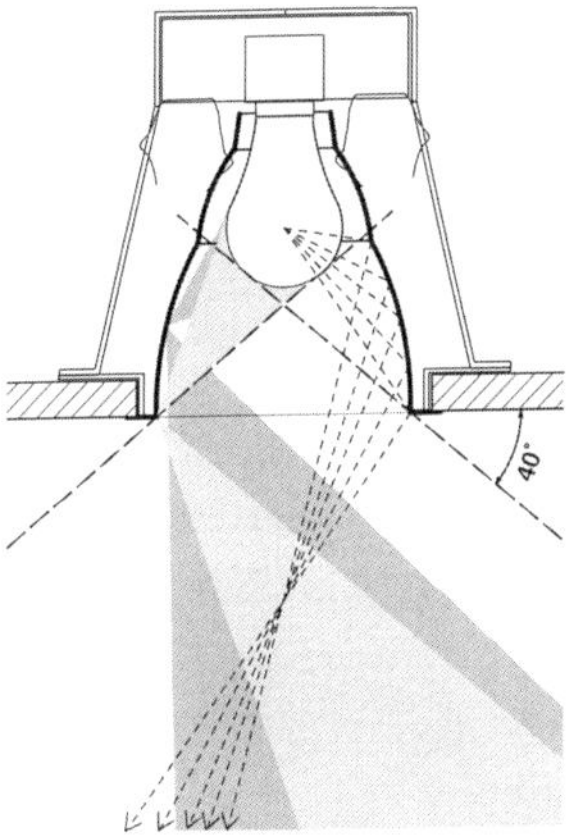

図63　グレアレス・ダウンライトの断面図

●作法19　光源と照明器具を隠せ

建築照明デザインは光源と照明器具の存在を消すことから仕事が開始される。これが基本である。時々は裸電球を天井から吊るしただけの解決法も取るが、それは苦肉の策の例外的処置であり、私にとってはパロディの一種だ。通常は人工光源と照明器具は建築空間のノイズである。そのノイズを取り払うことによって初めて、照明設備は建築デザインの黒子に回り建築空間だけが純粋な香りを放つようになる。空間には快い光と影だけがあればそれでよい。他に何もいらないとするのが建築照明の原則なのだ。

そのために１９５０年代から始まった建築照明のための道具の開発は、天井埋め込みの照明器具の中でも、「トリムレス」という取り付け枠なしで天井に穴が開いているだけの特殊ディテールに至るのだった。スポットライトのような道具は完全には姿形を隠せないが、それすら良しとせず、天井に埋め込みながら照射角度を調節できるアジャスタブル・ダウンライトや、細い天井スリットの中で角度調整するようなディテールに発展する。存在感をなくすために天井に埋め込まれた照明器具は、そこから光を発していること自体を隠すために、完璧なダークライトやグレアフリーの思想に基づいている。光は出ているがそれを感じさせないための細工だ。照明デザインが照明器具の造形デザインから完璧に離れることができたとき、私はそのようなストイックな空間にシャンデリアを吊るし、モダンな燭台をデザインしたいとも思っているのだ。

豊の国情報ライブラリー（設計・磯崎新）

さて光源と照明器具の隠し方に成功したプロジェクトを3例紹介したい。

ひとつ目は建築躯体に完璧に照明器具を組み込んだ例として１９９５年に竣工した大分の「豊の国情報ライブラリー」である。これは建築家、磯崎新によって設計されたもので、磯崎さんはこの図書館の建築模型を私たちの事務所に運び入れて、四周からの自然光採光の制御の仕方や開架閲覧室の光環境のあり方についての議論を要求した。

古代ローマとバビロンで使われた「１００柱の間」を再現した開架閲覧室には、７ｍグリッドの柱梁構造の上部に、ヴォールト状の天井が載っている（図64）。図書館の機能を満たしながら建築のダイナミズムを損なわないために考案された照明手法は、全ての照明器具を７ｍ上空の梁の上面に埋め込んで湾曲する天井面に向かって光を放ち、その反射光で鉛直面と机上面の照度を３００ルクス採ることであった。つまり開架閲覧室内部には照度計を水平垂直にしてもほぼ同様の照度を測定し、まったく影の出ない光環境を創り出したということである。現場では7ｍグリッドのコンクリート構造を幾つもつくり、照明器具の納まりと、反射率の異なるコンクリート素材の確認、そしてそれらによる実効照度などを細かく実証していった。

下諏訪町立諏訪湖博物館・赤彦記念館（設計・伊東豊雄）

「豊の国情報ライブラリー」とスーパーアンビエント照明と対局的なのが、1993年に竣工した伊東豊雄設計の「下諏訪町立諏訪湖博物館・赤彦記念館」である。諏訪湖にまつわるさまざまな民具が展示された博物館で、湖畔に建ち湾曲した美しい外観を呈しているが、展示室内部の天井一面は3次曲面状に張られた幅100㎜の縁甲板で仕上げられている。この縁甲板はとても繊細なものであったが、天井のダイナミックな仕上げを大切にしたかったので、板1枚分を剥がしたようなスリットをつくり、スリット内で展示用のスポットライトが自由な角度に調整ができる定点照射スポットシステムを開発した。この特注システムの採用で展示室から照明器具の存在感が消え去ったのである（図65）。

茅野市民館（設計・古谷誠章）

3つ目の事例は2005年に竣工した古谷誠章設計の「茅野市民館」である。JR茅野駅に隣接する地域文化創造の交流拠点となる施設だが、なかでも照明器具の存在感を消してうまく仕上がった空間は、駅に隣接するガラスで囲まれた図書室である。日中に陽光をふんだんに採り入れた明るく開放的なこの空間は、夜間にはその表情をダイナミックに反転し、白い天井面を夜空に浮かび上がらせる。天井には一切の照明器具はない。この空間の天井を照らし出しているのは床から立ち上がった16本の空調装置の最上部を借りて姿を隠した１５０Ｗのメタルハライドランプのスポットライトだ。この空間の家具は藤江和子さんによってデザインされているが、照明器具を隠すためのスペースを快く引き受け入れてくれた。誰の目にも照明器具は見えないけれど、白い天井を反射板にした十分な光が降り注ぎ床面照度も１００ルクスを確保している（図66）。

私はこれまでに、このような照明器具を隠す空間や環境をたくさん工夫してきたが、近年はＬＥＤの時代を迎え、光と器具の隠し方は飛躍的に洗練されてくるに違いない。光源自体が限りなく点光源に近づき極小化し、それを一列に整列させて細い角材程度のサイズにまとめたものも出てきた。ＬＥＤは小さなレンズを装着することで指光性の高い光に変換することもできる。だから、そのような光源部のディテールをサッシや家具に埋め込むことで、空間から光源と照明器具の姿を見せなくすることが容易になってきた。

空間に美しい光と影だけが存在する、そのようなことが無謀な夢でなくなってきた。

図64 豊の国情報ライブラリーの100柱の間

図65 下諏訪町立諏訪湖博物館・赤彦記念館の展示室

図66 茅野市民館の図書館

●作法20　ミニマムな光と照明器具に徹しろ

照明器具の数を減らせ

天井に全般照明用のダウンライトが2個並べて配置してある現場に遭遇することがある。どうしてこれを1個に集約しなかったのか、と私は疑問に思うのだ。これを設計した人は小さな開口径の器具をペアで並べる方が、少し大きなものをひとつより見た目によいのではないかと思ったのだろう。またはひとつのダウンライトで十分な出力が期待できないかも知れないからふたつ使うことでパワフルにしたい、と思ったのかもしれない。しかし私はこうした考えに根本的に同意できない。なぜかというと、床への全般照明を設計する上で私は使用する照明器具の個数をミニマムにすべきだと考えているからだ。

高天井からの照明などで特別に狭角配光のダウンライトやスポットライトが必要な場合には、小さな電気容量で絞られた無駄のない光が必要になるから、照明器具の数が理屈の上で多くなってくる。しかし床面で均一な照度を設計するような全般照明の場合には、まず最小の個数の照明器具で仕上げるべきである。

天井にふたつペアに配置したい設計者もいるし、天井パネルの施工状況によっては4個を接近させて配置する設計者もいる。彼らは天井に配置される設備用照明器具を装飾的なオブジェのように扱っているのだ。天井伏図に描かれる図柄の一部として照明を配置してしまうのである。しかし建築照明デザイナーにとっては美しい天井の器具配置より、光の効果が重要なのである。極論すると天井のダウンライトはまったく目立たせたくないので、スプリンクラーや煙探知機のごとく最低の個数で収めたいのだ。ダウンライトばかりが天井を埋め尽くしている空間は上品でない。

私が唯一ペアで収めたダウンライトで容認できるのは、１９８０年頃に竣工したニューヨークの「シティコープ・センター」の吹き抜け空間の全般照明で、水銀ランプと高圧ナトリウムランプのダウンライトが寄り添うように配置されたものだ。設計者の説明は明快で、ふたつの異なる光源のスペクトルの特性を補うもので、高効率を保ちながら演色性を向上させたというのだ。当時、このような白い光とオレンジ色の光による混光照明（カクテル照明）が流行ったのだったが、すぐにメタルハライドランプのような新光源が出現して淘汰されていった。

ＬＥＤが全般照明用ダウンライトとして活用されるようになった現在でも、不用意にペアにした配置を見かけるが、出力が気になる場合であっても高出力なものに統合していくべきである。その方が計算上も高効率で省エネルギーになるはずでもある。全般照明の無駄は排除したい。

光の量を減らせ

ミニマムな光というのは、照明器具の個数だけでなく光の量とエネルギーを意味している。つまり明るさの設定をミニマムにするということである。照明デザイナーはクライアントから「暗すぎる」というクレームをもらいたくないので、ついつい必要以上に明るさを高く設計することが多い。安全な設計とは少し高めの照度を計算しておくこと、と先輩からも教えられたことがある。しかし私はこれについても異議がある。実際にできあがった照明デザインの現場を見て、どうしてこんなに明るくしたのか、と思うプロジェクトがたくさんある。ひと昔前のクライアントであれば「少し明るくなりすぎてしまったね」という優しい言葉で許してくれたこともあるが、昨今のクライアントはエネルギー消費や電気料金にも大変敏感なので、必要以上の照度が出てしまっている現状を安易に認めない。私たちが担当したプロジェクトでも、何らかの都合で照度が設計以上に出ていたり、照度設定自体が高すぎるというミスを犯したことがある。そんなときには現場の対処療法としてＮＤ（減光）フィルターを取り付けて補正することもあるが、これが正しい照明設計でないことは明らかだ。

私たちが主張する適正照度を間違いなく担保する方法として調光制御システムを活用することがある。施設によってはさまざまな時間帯で光の強さを変化させて使用することもあるが、そのような変化のプログラムを必要としない場合にも、調光制御で最終的な現場の適正照度を決定していくプロセスをとることがある。その場合に関してのみは、私はミニマムな明るさを設定しておきながら１００％調光時には20％ほどの上限値を設計するようにしている。私にとっての適正な明る

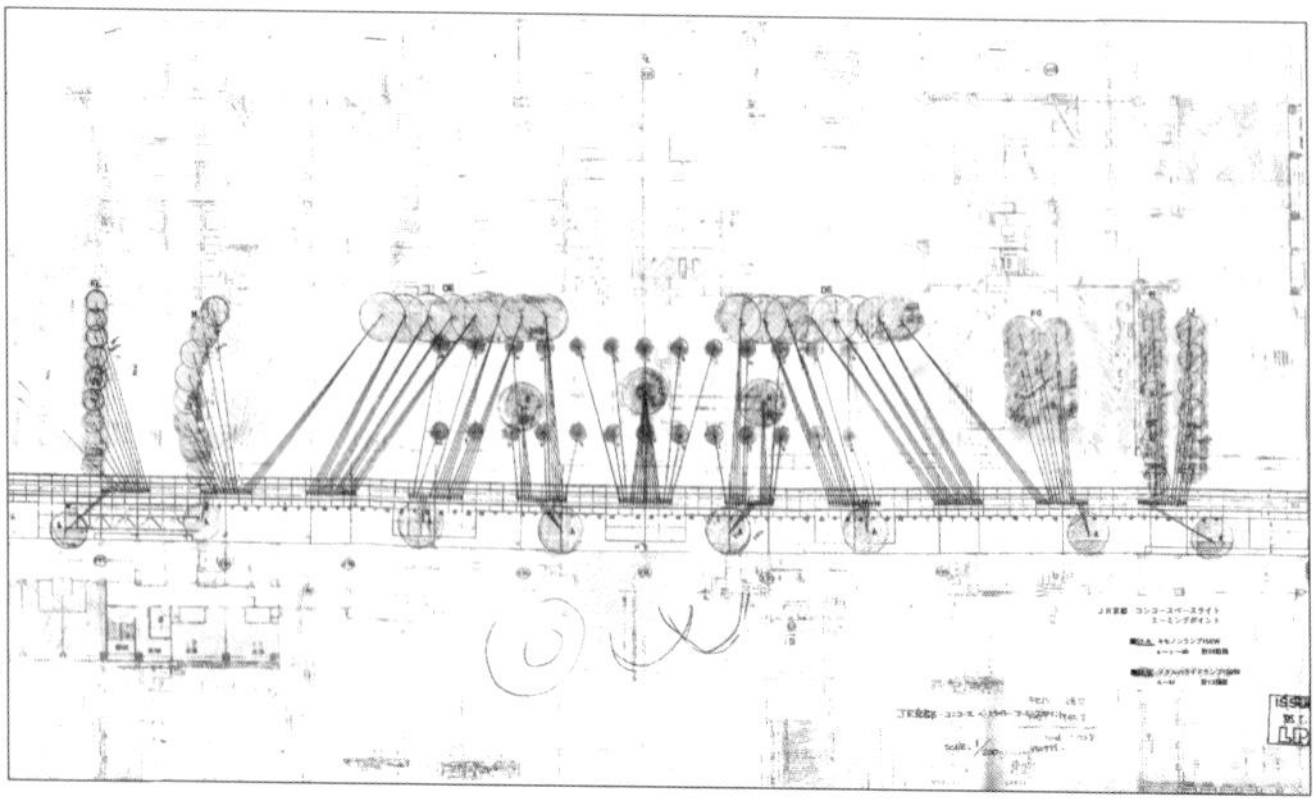

図67 京都駅の天井配灯と照射位置を示した平面スケッチ

図68 京都駅の一列に並んだスポット照明

さがクライアントには十分な明るさとして受け入れられない場合への備えとしてである。

京都駅のミニマム設計

このミニマムな光と照明器具に徹して功を奏したプロジェクトは「京都駅ビル」である。アトリウム上部に走る空中歩廊の底部に照明器具を一列に配置するためのスリットをデザインし、ここから150Wメタルハライドランプの狭角スポットライトを148台設置した。この光を42m下のコンコースでの人の行為を見分け、適光適所の原則に従って丁寧に振り分けていったのだ（図67、68）。このスポットライトをスリットの中に収めるシステムは、将来の光の増減にも対応できるように計算されている。この丁寧に計算されたミニマムな光と照明器具の数が、結果的に62％もの省エネ効果につながった。ミニマムな数の照明器具によって、ミニマムな光の量を供給すること、それが建築照明デザインの原則と考える。

●作法21　高性能な道具を使え

照明器具をたくさん使うな。すなわち性能の低いものをたくさん使うのではなく、高性能の照明器具を少量使って照明設計せよ。それがスマートな照明デザインの姿勢である。道具の性能を最大限に発揮して無駄なく長寿命に使い回すことだ。

道具の性能はその用途によって千差万別であるが、照明器具という光の道具は近年その種類を飛躍的に拡大しているので、その性能評価も複雑になってきている。例えば美術館用の壁面専用のＬＥＤスポットライトなどは大変詳細な性能評価を行うことがある。

私が近年担当したシンガポールの「ナショナル・アート・ギャラリー」のプロジェクトでは、展示室の壁面照明用器具の性能評価に8項目の評価基準を設定し、施工現場に特設したモックアップ実験室での視認実験を行い、クライアントに評価結果を報告した(図69)。最終的には私たちＬＰＡが要求する光の性能品質に対して、経験と力量をもつ3社が製品提案することになったが、各社とも以下の8項目の厳しい評価基準を示された上で、競合していったのである。(図70)。

①壁面の均整度

展示室における展示壁面の均整度は最も優先すべき評価点である。基本的には壁面展示のための

図69 照明モックアップ実験風景　シンガポール「ナショナル・アート・ギャラリー」

/N	Quality (non-price) Criteria	Score			
3	Mock-up for Gallery Lighting	100pts			
	Mock up for Gallery Lighting (June 15, 2012)		Team A	Team B	Team C
	a: Uniformity	20			
	b: Colour temperature	20			
	c: Flickering and Multi-shadow	20			
	d: Future flexibility	15			
	e: Glare control & Spill light	10			
	f: Installation pitch distance	5			
	g: Fixtures efficiency	5			
	h: Aiming and locking system	5			
	Total Quality Score	100 pts			

図70 8項目の評価マトリックス表

ベース照明を担保する照明手法であるから、レンズや反射鏡によって制御されたウォールウォッシャーの効果を測定する。ここでは壁面が均一に照射されているように見える効果が肝要であって照度の実測データは補足的な参考データとして提出される。床面から１５００㎜の高さの展示主要部分で１００ルクス、50ルクスが最も多用される照度であるために、今回はこの2種類の明るさでの均整度の比較を行う。照度差がグラデーションをもってスムーズにつながっていく状況も評価点である。

②適正な色温度

今回はＬＥＤを使用しているが、暖色と白色の間の微妙な色温度の相違が絵画鑑賞に与える雰囲気の違いを検証する。とりわけこのプロジェクトでは昼光が影響する展示室が多いので、温白色の中でも、昼光にマッチした色味や色温度が期待される。微妙な判断ではあるが同じ色温度でも黄色みがかっていたり、ピンクがかっていたりすることがあったり、調光制御を掛けると色温度に多少の変化が生じることがあるのでその値も実測評価する。

③フリッカーと調光制御

ＬＥＤ光源によるフリッカー（ちらつき）は昨今、さまざまな視覚的障害を引き起こす上で問題視されている。眼精疲労やイライラなどの生理的障害を引き起こす原因ともなるのでオフィスや美術館では特に厳重なチェックが必要とされる。フリッカーには容易に視認できるものとできないものとがあるが、今回の実験についても視認と計測器を使用した評価との両者で判断する。特に調光制御を掛けたときに生じるフリッカーは課題となり、それが排除されなければ美術館に使用する品質として認可されない。

④グレアの制御と漏れ光

グレアは鑑賞の快適性を損なうので、美術館照明の中で最も注意しなければならない項目である。特に今回はベースとなる壁面照明に関して、3m前後の低い独立壁面へのウォールウォッシャー照明が反対側に立つ鑑賞者の通常視野内にグレアを生じさせる可能性が高いために、これを注意して評価する。

⑤器具の取り付け間隔

壁面の均一照明は壁面から器具までの距離に対して1対1ほどが適切とされてきたが、昨今のLEDのウォールウォッシャーについては、1対0.8以上を基準に考える。均整度が保たれることを条件にどれほど取り付けピッチが飛ばせるか、という性能を判断する。

⑥照明器具の効率

器具効率というのは、光源のもっている光束を損なわずに、いかに照射成分に活用するかという指標である。今回の実験では、LED光源の使用電気量と、壁面照明の最高出力との2点で評価する。一般的にはグレアを防ぎ配光制御を優先する場合には器具効率は高くならないので、総合評価では器具効率は優先すべき評価指標とはならない。

⑦ 角度調整とロックシステム

展示照明では、繊細なスポットライトの照射角度調整がされるために、その現場調整後に調整角度をきちんとロックする必要がある。製品によってその機能が備わっているものと備わっていないものがあるので、そのメカニカルな機能を評価する。

道具の性能を評価する上記の7項目は、美術館照明の、しかも展示室照明に使用されるべき壁面照明用のスポットライトについて規定したものである。美術館照明においては、この他にも眩しさを排除して広範な床面を均一に照射すべき全般照明用器具や、中心光度を極端に高めた局部照明用の狭角配光の器具、十分な寸法が取れないディテールに納まりながらも均整度が期待できる間接照明器具など、条件ごとに異なる評価項目が設定されるべきだろう。

そのような高性能な道具の開発は、かつては米国のエジソン・プライス社とドイツのエルコ社に集約された感があったが、ＬＥＤ時代の到来を受け、世界中の会社がニッチな性能を争う時代がやってきた。洗練された照明デザインを可能にするような高性能な道具の開発に期待している。

●作法22　側断面図に光のコンセプトを表現せよ

光のコンセプトは側断面図に表現されるべきだと思っている。平面図では分布する光の量を設計し、側断面図では光の質を設計しやすくなっている。現実的にも平面図のように天井も屋根もなく全ての空間が平面的に見える空間体験はないわけで、平面図は頭の中でダイヤグラムを組み立てる操作には向いているが、できあがってくる視環境をイメージするには役に立たない。これは建築の内部空間ばかりでなく、ランドスケープのような建築外構や屋外の都市空間であっても同様だ。私たちは夜のイメージ図をランドスケープの図面や建築配置図を下敷きにしながら色付けしていくが、空飛ぶ鳥にでもならない限りこのような鳥瞰図には現実味がない。それだから私は照明デザインのコンセプトや主要な照明手法を開発するときには、平面図ではなくむしろ光の入った側断面図や立面図を描くのである。夜の帳を表現するために青いラシャ紙を使い、それにオレンジ色やクリーム色の色鉛筆で光を描きこんでいく。事務所のスタッフや建築設計者とのディスカッションをするときに、このスケッチが有用だ。

主要断面図を探る

もちろん建築空間の構成などを把握するにはまず平面図を取り出すが、ひととおり空間の配置などが理解できた後は、人の動線を追いながら、どこを切って主要断面図とすべきかを推理する。主要断面というのはできあがったときに最も大切になる動線や視線の流れをつかむためのもので、これが明快になると照明デザインでいうところのフォーカルポイント（焦点＝自然に視線が招かれるところ）がどこであるかが判明する。だから１６０～１７０㎝の身長の人型を何人か断面図に描き入れながら、光が天井から床に落ちてくるのか、壁に取り付いて拡散しているのか、ペンダントのように吊られているのか、床から逆に天井を照らし上げているのか、などを自由に発想する。平面図に描き入れる光の様相には高さが見えない分だけどうも親しみがない。光の位置の高低は、光の量や色温度と同様に、人の心理や生理に結びついた要件なので、その意味からも断面図での発想こそ重要だと考えている。

断面図を描きながらその先の空間を予想するときには、床から１６００㎜の高さに適当な消失点を打ち、それに向けて簡単なパースペクティブを立ち上げる。消失点を打つ位置はその空間から見せたい次のフォーカルポイントを探る意味で重要なのだ。視点がひとつでない場合には、ひとつの断面図からいくつもの重なったパースを描くことさえある。断面は切り取った平面の一種なので、それの向こうには室内展開図のような立面を描くことになる。そうすると壁面が光を受けたり発していたりする様子がイメージできるので、囲まれた空間が自然に立ち上がってくるのだ。側断面図によるデザインの発想と、側断面図を用いたコンセプトデザインのプレゼンテーション。私はその両方を大切にしている。

せんだいメディアテークの断面設計

「せんだいメディアテーク」の断面図はこのプロジェクトの照明デザインコンセプトを十分に表現したものとして面白い。地下2層、地上7層の光を模式化した断面図である。全てのフロアが異なる階高で設計されていて、フラットスラブに取り付いた天井照明もどのフロアにも同一なものがない（図71）。

地下2階の床にはチューブの内部を照らし上げる投光器が設置されている。地下1階は駐車場で個々の蛍光ランプは青白色の光を発している。1階は多目的に使われるためのフレキシブルな空間なのでスタジオ照明的に。2階は受付相談カウンターなどをもつ情報の提供空間になっていて、蛍光ランプのライン照明。3階とメゾネットになっている4階はライブラリーだが、ペンダント式の間接照明が天井に向けた光を放ち、その反射光で十分な照度を獲得している。5階と6階は階高の異なるギャラリーで壁面照明を主体にしてフレキシブルな企画展示に対応している。最上階の7階はスタジオとインフォメーションの階で、竣工当初は天井直付けの4W直管の蛍光灯がランダムに付けられていたが、東日本大震災でのダメージがあったので、この階だけは天井照明を改修して今はLEDのダウンライトで照度を採っている。

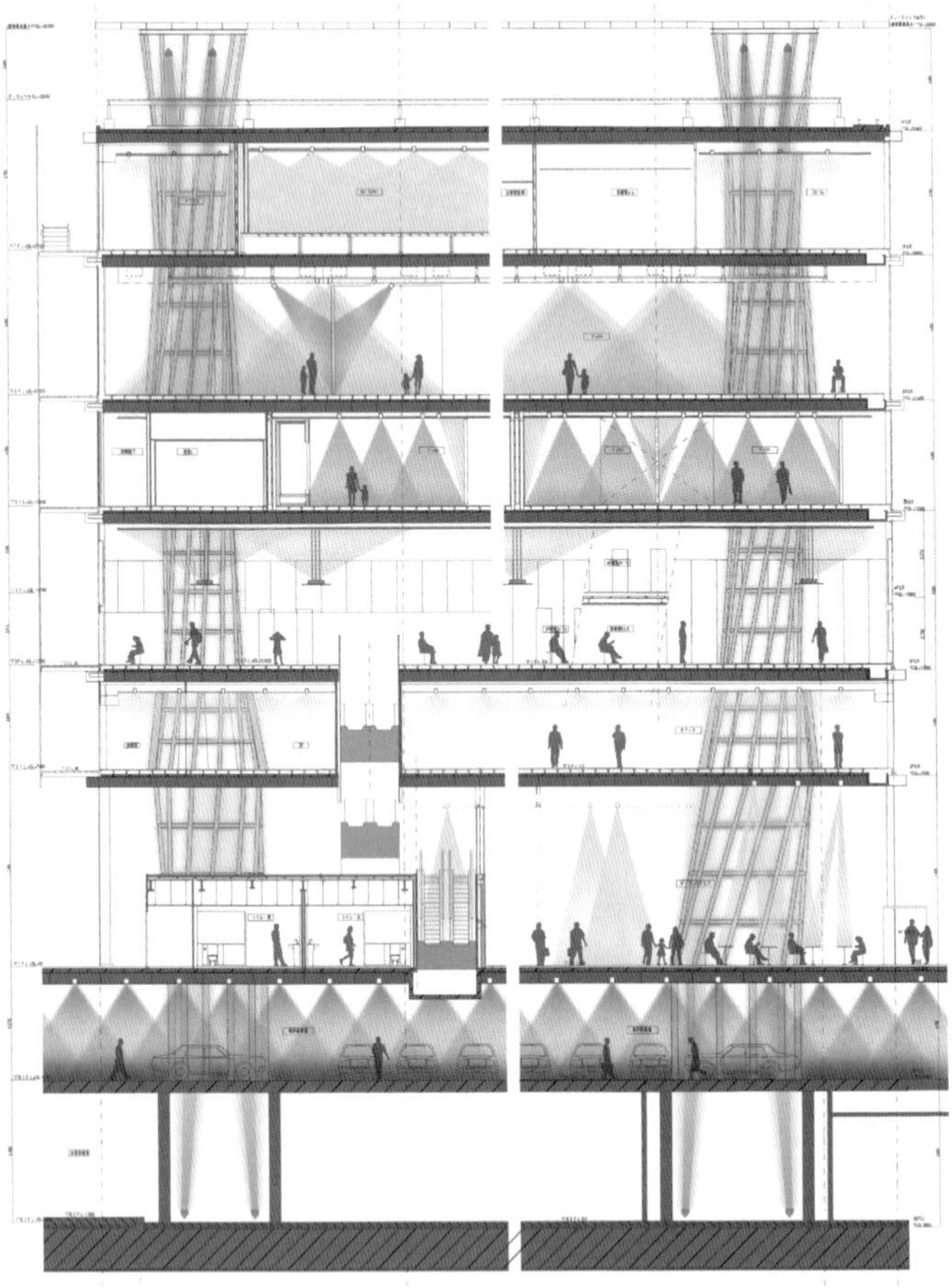

図71　せんだいメディアテーク 光の断面図

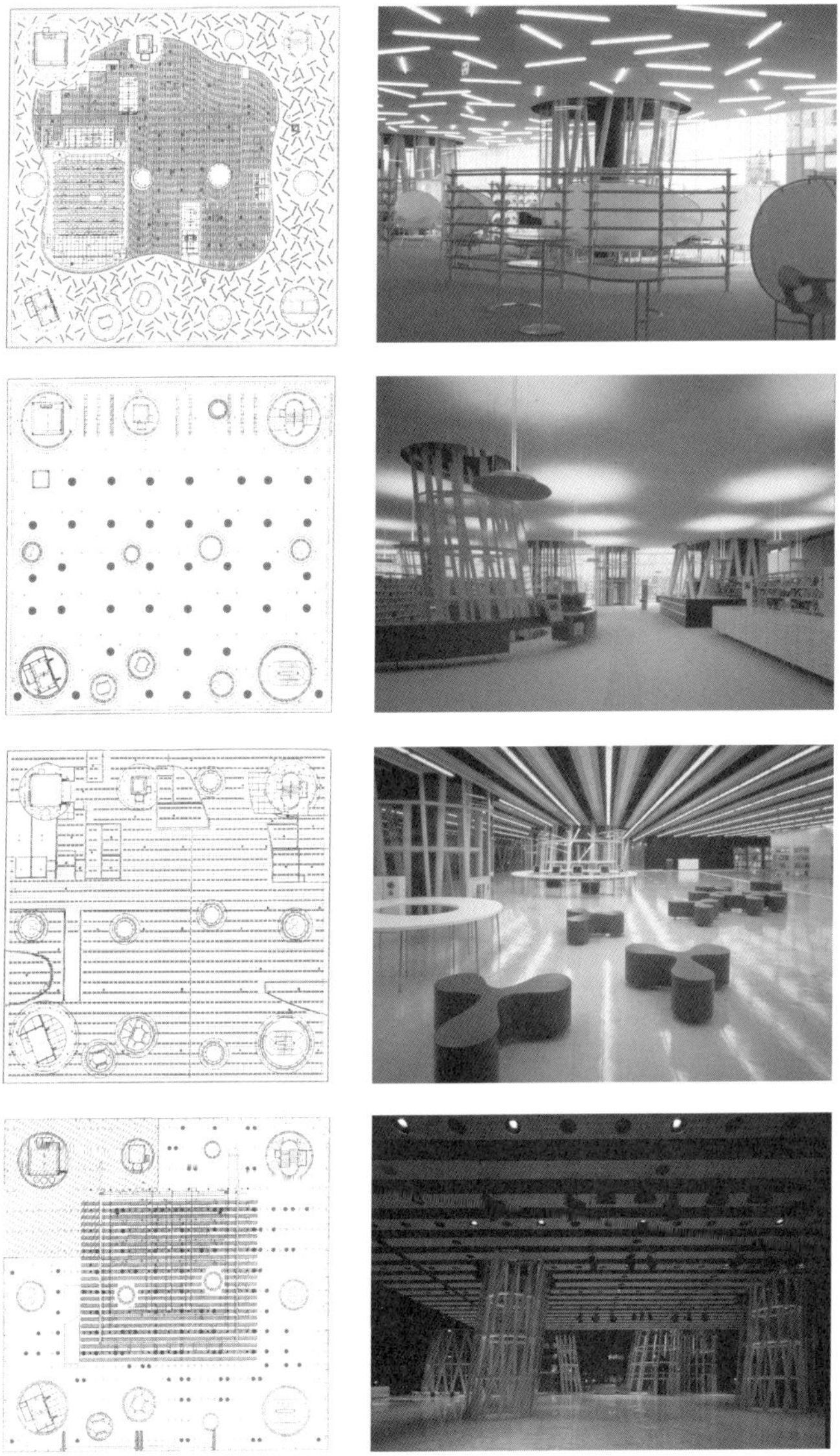

図72　せんだいメディアテーク　天井伏図

そのようなわけだから、この建築は断面での解説が最もわかりやすいのだが、実は50m四方の天井伏図も、この建築に関してだけは大変コンセプチュアルで興味深い。というのも全ての照明手法は各階とも天井に取り付いているので、照明器具の配置のみを記した天井伏図は、それぞれに個性的な図像を表現しているからだ。天井のグラフィックスを見てこの建物の個性を知ることができるのだ（図72）。

屋外環境でも断面を切る

もうひとつ私が気に入っている屋外空間の断面図がある。2012年に竣工した「ガーデンズ・バイ・ザ・ベイ・ベイ・サウス」というシンガポールの国立植物園である。これも私たちは広大な植物園の敷地を横断する主要断面図を描いたのだが、それぞれ一直線に断面を切り取ってはいない。説明したいと思う箇所を曲がりくねって断面化している。断面に現れる主要な構造物と背景に描かれている立面図によっ

図73 ガーデンズ・バイ・ザ・ベイ・ベイ・サウス　手描きの光の断面図

て、この植物園を歩き回る疑似体験ができる。場の連続性を示す意味でも、この光の断面図からは「オーガニック・ライティング」という照明デザインのコンセプトが浮かび上がってくる（図73）。この光の断面図を見れば「うん、そうか、あなたたちは、そんなふうにしたかったのか」と理解してもらえるはずなのだ。

●作法23　天井を床に落とし込め

天井伏図で仕事をしていた時代

私が照明デザインの仕事を始めた37年前には、照明デザインは豪華な光のオブジェを創作するか、照明器具のデザインを意味するものであり、「建築照明デザイン」という言葉は一般的ではなかった。照明器具のデザインが建築空間を相手にする場合であっても、必要とされるのは照度計算に基づいてダウンライトや蛍光灯器具を天井に配灯する仕事であった。この仕事は計画された照度を得るために、方程式に基づいて光の量の計算をする作業なので、空調設備設計と同様にデザイナーのクリエーティビティを必要とする仕事ではない。電気設備設計の分野に近く、かなり技術的なセンスだけに終始する仕事である。

私は照明デザインの道に入るときに、照明器具やオブジェの造形的なデザインではなく光そのもののデザインを志したので、光と人間との間に生じる知覚心理や生理、そして光学技術や照明器具の性能について学習を重ねた。そして世界中の優れた建築を視察する中で、建築照明コンサルタントという職能がすでにアメリカにあり、素晴らしい仕事をしていることを知ったのだ。私にとっては目からウロコだったが、建築照明デザインという職能が必ず日本でも必要とされるだろうとその時予感した。

ところが初期の頃には、仕事を始めるときに届けられる図面は天井伏図のみの場合が少なくなかった。照明デザインを依頼する建築設計者は照明デザイナーに天井伏図のみを送り付けてくる。そんなことがあるはずないと私は思ったが、照明メーカーに勤める同僚にとっては何の疑問もないらしい。建築設計者は各部屋の機能が判明すれば必要な照度と照明手法は提案できると考えているようだ。私はとても落胆して、建築設計者に天井伏図のみでなく平面図や各配置図や断面図が必要なことを説明して回ったものだ。もちろんこのようなことは建築照明という概念を建築設計者もよく理解できていない頃に起きていたのだが、日本の照明デザインが欧米に比較して20年ほどは立ち遅れていたことを物語るエピソードである。

天井伏図以外の図面

照明デザインは建築空間のためにではなく人の快適な行為のためにある。建築設計図面を解読するときに、そこで人びとがどのように振る舞うのかを予測できなければ快適な光などデザインできない。建築空間にはさまざまな家具や調度が配置され、人の流れや滞留が起こり、出会いがあり対話が生まれる。その一部始終が照明デザインにとって大切な設計与件なのである。建築平面図で空間の機能を理解し、あるべき光の機能を判断する。断面図や立面図、室内展開図をにらみながら視野に収まる重要な風景を予測する。家具の配置図をチェックしながら詳細な光の配置を探り、主に天井伏図に照明手法を表現する。この他、詳細の矩計図や仕上表なども、照明デザインの核心に触れる情報を提供する場合が少なくない。最終的には原寸に従った設計を行うことになっていくが、各種の建築図面はそれぞれが光のデザインと密接な接点をもっているのだ。天井伏図だけでは照明デザインができない。天井に人の姿があるはずもないのだから。

天井伏図に家具配置図を重ねる

とはいえ現実には天井伏図には大切な照明デザインの情報が反映されている。90％程度の照明は天井に取り付けられているからだ。埋め込みと直付けのダウンライトと蛍光灯器具。壁面照明用のウォールウォッシャーも壁面に沿って一列に配灯されるが、天井に施工されることが多い。配線ダクトに設置するスポットライトや天井から吊り下げられるシャンデリアやペンダントもしかり。間接照明のディテールも天井がらみがほとんどなのだから、天井伏図が照明設備のほとんどを吸収しているとも言える。しかし近年ＬＥＤなどの新光源の普及も関係してか、照明器具やシステムが天井ではなく床や壁、そしてサッシや家具に取り付くことも多くなった。床埋め込みのアップライトや、壁面に取り付けたシーリングウォッシャーなどもスペックされる。この勢いでＬＥＤや有機ＥＬなどがさまざまな建築部材に組み込まれてくると、照明器具という製品概念自体が変わってくるだろう。そう遠くないうちに、天井に照明器具が取り付けられていた時代を懐かしがるように

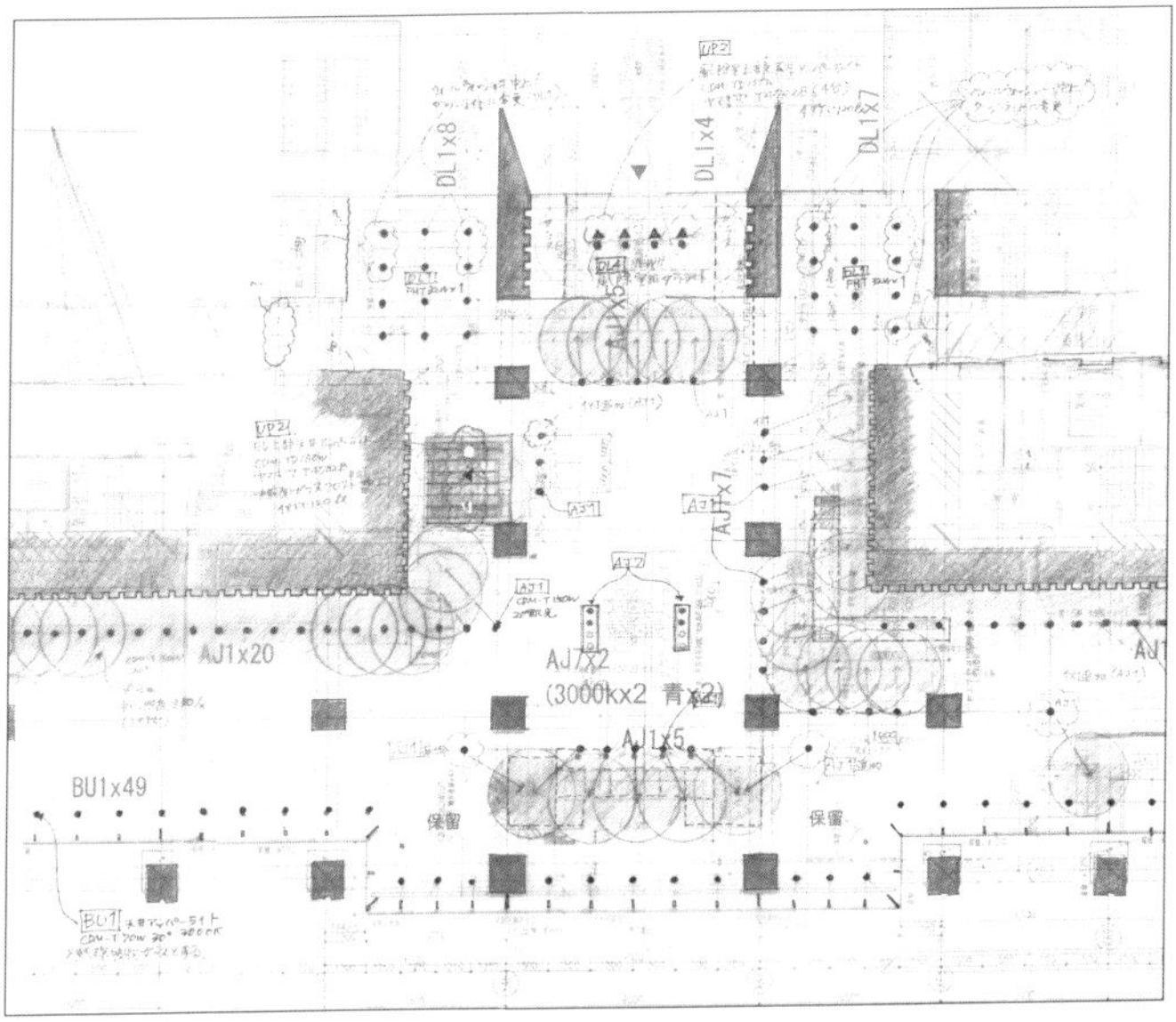

図74　ワールドシティタワーズ ラウンジ部分の配灯スケッチ

図75　ワールドシティタワーズ ラウンジ

なるかもしれない。それは近い将来とは言い難いが遠い未来ではない。

照明デザイナーは家具が配置された平面図で人びとの行為を予想しながら光のイメージ図を作成する。この図面は光のボリュームを描き入れる程度のことなので実際にできあがる光環境のシミュレーションではない。次に各種の断面図や室内展開図で高さの入った照明手法を考える。そして最後に天井伏図に照明器具の位置を記し、その伏図と光の入った平面図とを1枚の図面として合体させる。そうすることによって、どのような照明手法と照明器具を使って、どのような光を計画したのかが明確に記録されるのである（図74、75）。

「天井を床に落とし込め」、というのは照明デザインの目的と手段を同時に確認するための手法でもある。

●作法24　80％の効果を予測せよ

光のモックアップ実験

私はプロの照明デザイナーとして、できるだけ適確に光の効果を予測したいと常に考えている。自信をもって「その照明効果はこのようになりますよ」と言い切れる能力をつけたいのだ。コンピューターを使ったシミュレーションや縮尺模型を使った照明効果の実験を頻繁に行うのもそのためである。しかし結局その8割の効果は予測できるが、後の2割はやってみなければわからない、と言うしかない。

「面出さん、照明実験やってから決めましょう……、と言うのなら私にもできますよ。照明実験などやらなくても正確に光の効果を予測できるのがプロの照明デザイナーではないですかね」というコメントをくれたのは、私が学生の頃から大変お世話になった日建設計の林昌二さんだ。4年前に83歳で他界された。私は林さんの言われる意地悪なコメントもよく理解できるのだが、それなら建築家がスケールの異なる模型をたくさんつくったり、たび重なる現場での原寸モックアップをつくらせたりするのは何のためなのであろうか。その場で反論すると、それ以上の理屈で説教されたりするかもしれないと思ったので、林さんの仰ることを聞くに留めたが、実は私には反論の勝機があると考えていた。

照明効果のモックアップは、建築のモックアップに比べると数倍は重要だろう。光の効果の感じ方は、人によって相当異なるからだ。同じ光を体験しても暗いと言ったり明るいと言ったり。コンクリートの色合いのサンプルテストなどではこのようなことは起こらない。建築の実験ではほとんどみんな、良いものを良いと感じるからだ。だから照明効果を正しく予測するときには、私はいまだに原寸の照明モックアップ実験の重要性を主張する。

コンピューター・シミュレーション

しかし、照明のモックアップ実験というのはプロジェクトの最終に近い段階でのことで、通常ではそこに至るまでに何段階もの予測を行っている。

まずはコンピューターを駆使した光のシミュレーションである。私自身はコンピューターをデザインツールとしては使わないが、私たちのスタッフで私のような手描きだけが頼りのデザイナーはいない。今やコンピューターは色鉛筆や三角定規同様の日常的な道具となり、ＣＧや照明シミュレーションのソフトの発達もあって、各種の効果予測に使われている。

今から20年ほど前に「東京国際フォーラム」の設計中、大成建設が「ヴィーナス」という名の光のシミュレーションソフトを活用して、素材の二次反射までを計算したガラスホールの室内パースを提供してくれたことがあった。大変重たい情報量でお金も労力も甚大だったようであるが、そこで判明した照明効果はずいぶん役に立った。その頃に比べると現在はさまざまにコンピューターが設計支援してくれるので大変便利である。

コンピューターで細かい照明器具の配置をインプットし、照明効果のシミュレーションをしてみる。実際にできあがったものを見たときに、コンピューターの予測がかなり正確だったことに私は多少驚愕する。こんなに正確に効果を予測してしまっていいのかという驚きだ。逆に竣工した私たちの現場写真が、時々コンピューター画像のように思えてしまうことも恐ろしいことである。

ペーパーモデル・シミュレーション

以前ほどではないが、私はいまだに50分の1とか100分の1とかいうスケールの建築のペーパーモデルを使った照明手法の開発やシミュレーションが好きである。コンピューター・モデルのように平面ではなく3次元を相手にしている安心感がある。白い模型を相手に空間の中に頭を突っ込んだり、手に持ったファイバー装置の光で外装を照らしたりして、みんなでワイワイやっているうちに照明デザインのアイデアが煮詰まってきたりする。やはり模型を相手に複数の人たちで同時に検討する、という過程が大切なのだと思う。

縮尺模型による実験は素材感などの点で照明効果を正確に反映した予測はできないが、それでもイメージを強く共有するためには重宝なのである。その後の効果予測は実際の素材などを使った部分の原寸実験（モックアップ）が有効で、これは施工現場にお願いして関係者が立ち合って行うことが多い。部分の実験なのでスケールが大きくなるときとの誤差を考慮しながら評価していく。

最終現場で80%が確定する

建築照明デザインの仕事は、同じ照明手法を用いたからといって、常に同じ照明効果を手に入れられるわけではない。建築設計がひとつとして同じものでないからである。プロジェクト間で類似する照明効果はあるが同一ではないのだ。だから何百回となく経験した手法であっても、最終現場での出来栄えには細心の注意を払う必要がある。

「東京駅丸の内駅舎保存・復原ライトアップのプロジェクト」では、照明デザインの詳細が決定し承認され、工事が発注された後の2年間の施工中に、公式な現場照明実験だけでも14回開催されたと記録されている。何度もコンピューターや模型実験などで効果を予測したにもかかわらず、現場ではそれを超えたリアルな課題が発生したり、よりよい解決策が見つかったりするからだ。計画案を説明したときに使ったコンピューターの描いた夜景と、竣工後に撮影した同一アングルの夜景とを見比べてみる。いささかの差はあるが、80%の照明効果予測はこのプロジェクトの中でもきちんと守られていた。計画案に対して遜色のない現場が実現している（図76、77）。

図76　東京丸の内駅舎のCGエレベーション（上）と竣工写真（下）

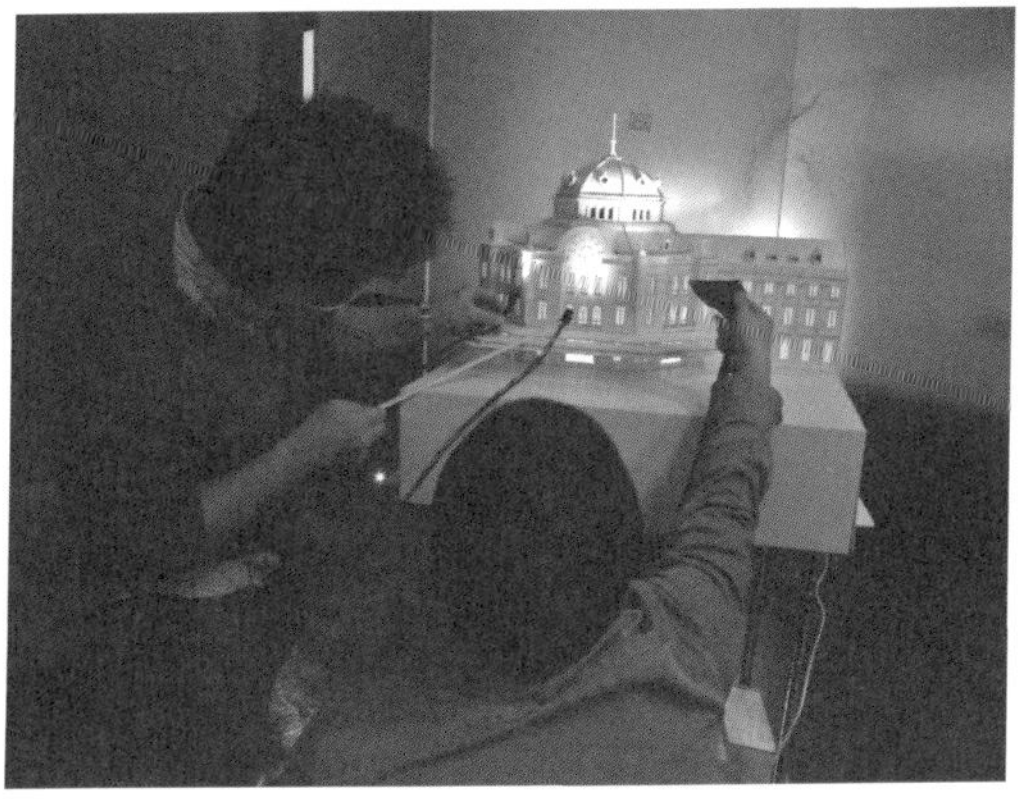

図77　同上プロジェクトの白い模型を使った照明実験

●作法25　照度計算に安堵するな

日本はとりわけ照度に偏った照明設計をする国である。照明デザインを語るときにまず「明るさは十分か」というチェックが入る。照度計算でＪＩＳ照度基準に合致していることが重要で、照度計算の後に照明デザインの技を考えろと諭されることさえある始末だ。

２０１１年の東日本大震災による節電事情を経験した後にも、ほとぼりが醒めると店舗の明るさも公共施設の照度も震災前同様に戻りつつある。光の量を減らすことについては大変な抵抗がある。世界中に率先してクリーンエネルギーや省エネルギーを促進すべき日本なのだが、欧米諸国に比較してＪＩＳ照度基準値は高過ぎると批判される。日本が「照度偏重主義」であることはいまだ否定できない。

私たち照明デザイナーはずいぶん以前から、照明デザインは光の量ではなく質に関わる仕事であること、そして現実的には照度は人間の感じる明るさ感に比例しないことも知っている。私も含めて照明デザイナーがあまりにも「照度ではない」と言うので、昨今では若い照明デザイナーたちが照度を軽視し過ぎるようになったのでは、と心配するほどである。「キャンドルの炎が美しく見えるためのレストランの机上面照度は何ルクスか？」と質問しても、自信をもった解答を即答できる同僚が少な過ぎる。これも問題である。しかし、依然として私は照度計算に安堵するなと言い続けているので、照度計算に頼り過ぎたことで課題を残した照明デザインの例を紹介しよう。

高い照度で明るくならない

すでに30年以上も前のことなので、それがイッセイ・ミヤケであったか、コム・デ・ギャルソンであったか定かでないが、私が担当したブティックの内装照明が「暗い」というクレームを呼んでしまったときのことだ。先輩社員から照度計算はきちんとしたのかを尋ねられた私は、「それは基本ですから間違いなくやっています。300〜500ルクスと明る過ぎるくらいです」と答え、すぐに照度計持参で現場に赴いた。「暗い」の意味は判明した。照度は間違いなく十分であるが、ブティックに展示されている商品はほとんど黒。悪いことに天井のみは白であるが床も壁も黒で仕上げた内装デザインだった。私は照明での解決法を提案することもできず、「明るい色の商品が並ぶ季節には、十分に明るく感じられるようになりますよ」という言い訳をして現場から退散したことを覚えている。クレームをつけた店側はそんな説明で納得するはずもないのだが、照度を高くすれば解消できるクレームではなかったのだ。

人間の感じる明るさはものに入射する光の量（照度）ではなく、ものを反射する光の量（輝度）であることは知られているが、それを照明デザインとして実現するための方法論がまだ十分に研究されていない頃の話であった。このクレームの解決は、東京工業大学の中村芳樹教授やパナソニックが提唱する輝度設計の理論が、ＪＩＳ照度基準の他に公的に認知されてくる日を待たねばならない。

明るさ感を設計手法に落とし込むには、鉛直面輝度やアンビエント照明の効用を示す現場実例をたくさん出現させる必要がありそうだ。

感じる明るさ感、東京国際フォーラム

照度は高くないけれど明るさ感があって気持ちがよい、という環境の代表例として私はよく「東京国際フォーラム」のガラス棟の内部を紹介している。このプロジェクトは１９９６年に竣工し、もうすでに19年経過しているので竣工当時に使っていたハロゲンランプがメタルハライドランプやＬＥＤに変更されていることもあって、その効果が守られているか心配して数か月前に学生たちを連れて視察に行ってきた。

ガラス棟は地下1階にレセプションホールをもち、上空に巨大な屋根構造がぽっかり浮いたように見えるアトリウム空間である。地下1階から2階まで立ち上がる木製の大壁面がこの空間に暖かさを与えている。私たちはこの壁面が柔らかい光で均一に照明されることでホールの床面照度を低く抑えることができると考えたのだ。ここは東京都が認可した公開空地であったので、東京都は３００ルクスという照度基準通りの数値を要求したが、私たちはこれを50ルクスで設計した。壁

図81 色彩別等照度グラフ

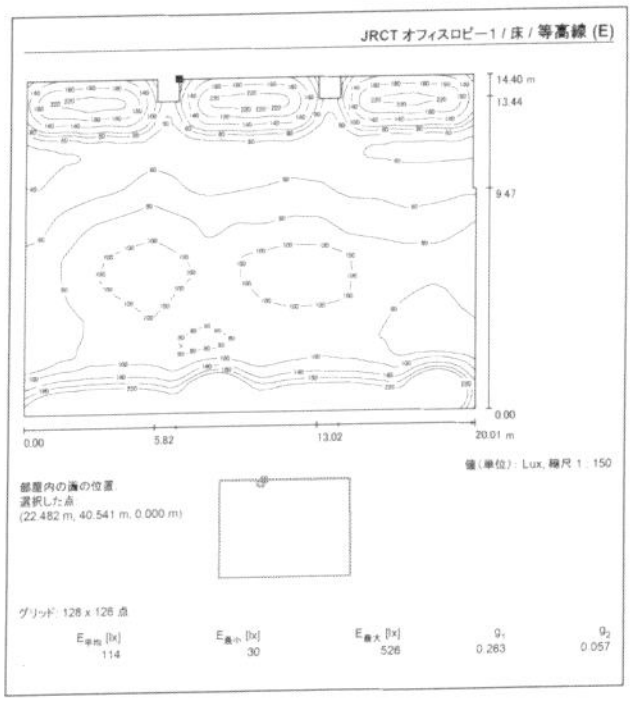

図78 等照度曲線分布図

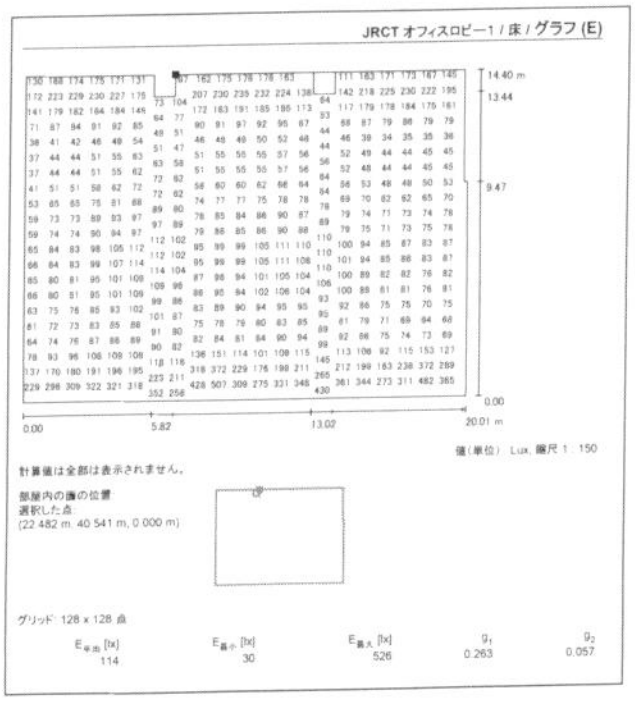

図79 ポイントバイポイント照度データ

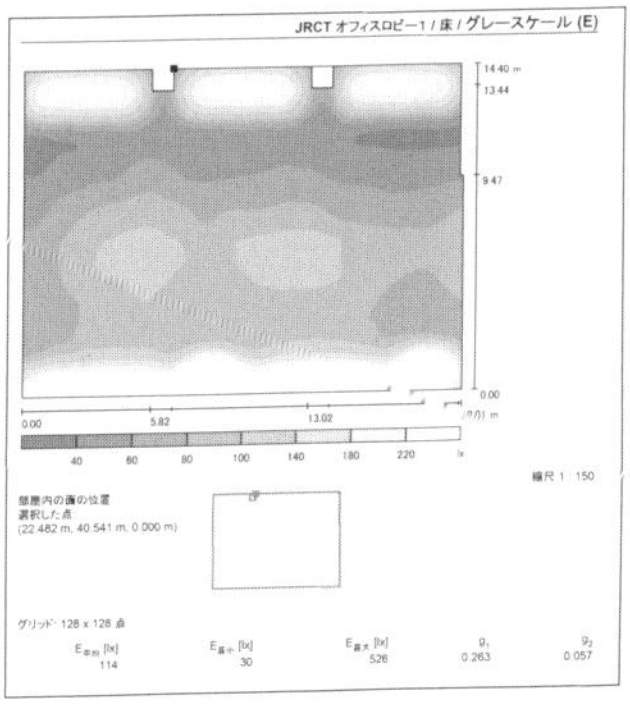

図80 色別照度分布図

面へのアップライト・ウォールウォッシャーの効果が加わることをアピールしながら、何回ものやり取りを繰り返し、私たち設計チームは50ルクスという、通路としては快適な照度値を実現した。光を受けた大壁面の前を往来する人びとの美しい表情に出合って、19年後の今も、私たちの主張した鉛直面輝度によるデザインが有効であることを確認した。

人間照度計

照度計算に安堵するな、という提言は照度をないがしろにしてよいということでは決してない。むしろ、建築照明デザインの上で、照度は基本事項として大切にすべき事柄である。私は照明デザイナーとして自分なりの体験的な照度基準をもっている。

0・2ルクスの満月の月あかりは照度計をもって何度となく体感しているし、1ルクスの非常照明の明るさも知っている。シンガポールでは4ルクスの公園照明を主張する行政と3ルクスを主張する私たちの間で随分もめたこともあるし、50ルクスの万能な快適性、150ルクスの劇場客席照明の実用性、300ルクスの図書館開架閲覧室の利便性も理解している。

大切なことは照明デザイナーが自ら鍛えて人間照度計になることだ。照度の重要性を本当に知る者は、機械的な照度計算にのみに安堵することが許されないのだ（図78〜81）。

●作法26　人の姿の入った絵を描け

いつでも絵を描く準備をしておこう

私は打ち合わせ中に、気になるフレーズをメモしたり、会話から触発されたデザインのイメージを絵にしたり図にしたりすることが多い。私の手は打ち合わせ中でもじっとしていない。いつも無地のA6カードを持ち歩いているので、外部での打ち合わせではそれを使う。事務所でのスタッフミーティングでは、黄色いロールのトレーシングペーパーにラフなスケッチを書き散らしている。気ままなスケッチをしながら打ち合わせに参加すると、不要な緊張感から解放されるし、時々は自分で描いたスケッチから、再び触発されたアイデアが生まれることもある。

クライアントとの打ち合わせの際に、クライアントの言葉から触発されたことや、ラフなデザインイメージなどを描いて、クライアントの目の前にアイデアを見せてしまうこともある。そうすることによって、単に会話に参加するだけでなく、会議に参加している人びとの距離が縮まり、デザインアイデアなども共有しやすくなる。クライアントも目の前で私の描くスケッチを気に入ってくれているようだ。大切な打ち合わせには、頭と口だけでなく五感全てで参加するべきなのだ。

うまい絵ではなく良い絵を描く

デザイナーは人の姿の入った絵を描くべきである。うまい絵を描く必要はないが、気持ちのよい絵を描くことが大切だ。自分は絵を描くのが下手だとか、苦手だと思っているデザイナーは、その意識を捨ててたくさんスケッチを描く練習をするとよい。模写から始めるのもよい。はじめは自分の気に入った人の描く絵を横において、その通り真似ることだ。勢いよく何回も真似ていると、徐々に描くことが恥ずかしくなくなる。私はLPAに入社後スケッチを苦手にしていた人が、メキメキと腕を挙げて、味のある良いスケッチを描くようになった例をたくさん知っている。

描く道具は何でもいいが、コンピューターを使ったきちんとした絵より、できればラフなハンドスケッチの方が良い。鉛筆やフェルトペンが最も手軽だが、自分の好きな道具を使うとよい。私はペンケースの中に5種類の筆記用具を常備している。

8種類の色鉛筆をひとつのホルダーに収めたペンテル・マルチ8。これはさまざまな色温度の違う光や自然光を描くためのものだ。特に消耗が早いのは青とオレンジ、暖かい光と空の残照を描くからだ。2本目は三菱鉛筆UNIの10Bという最も柔らかい鉛筆。これは微妙な陰影を大胆に描き分けるための必需品である。そしてステッドラーのシャープペンとコバルトブルーのインクを入れたラミーの万年筆。最後に文字と線画のために愛用するサクラのフェルトペン。少し前までは0・1㎜を使っていたが、今は0・3㎜に替えている。これらの5種類を、そのときの気分や描

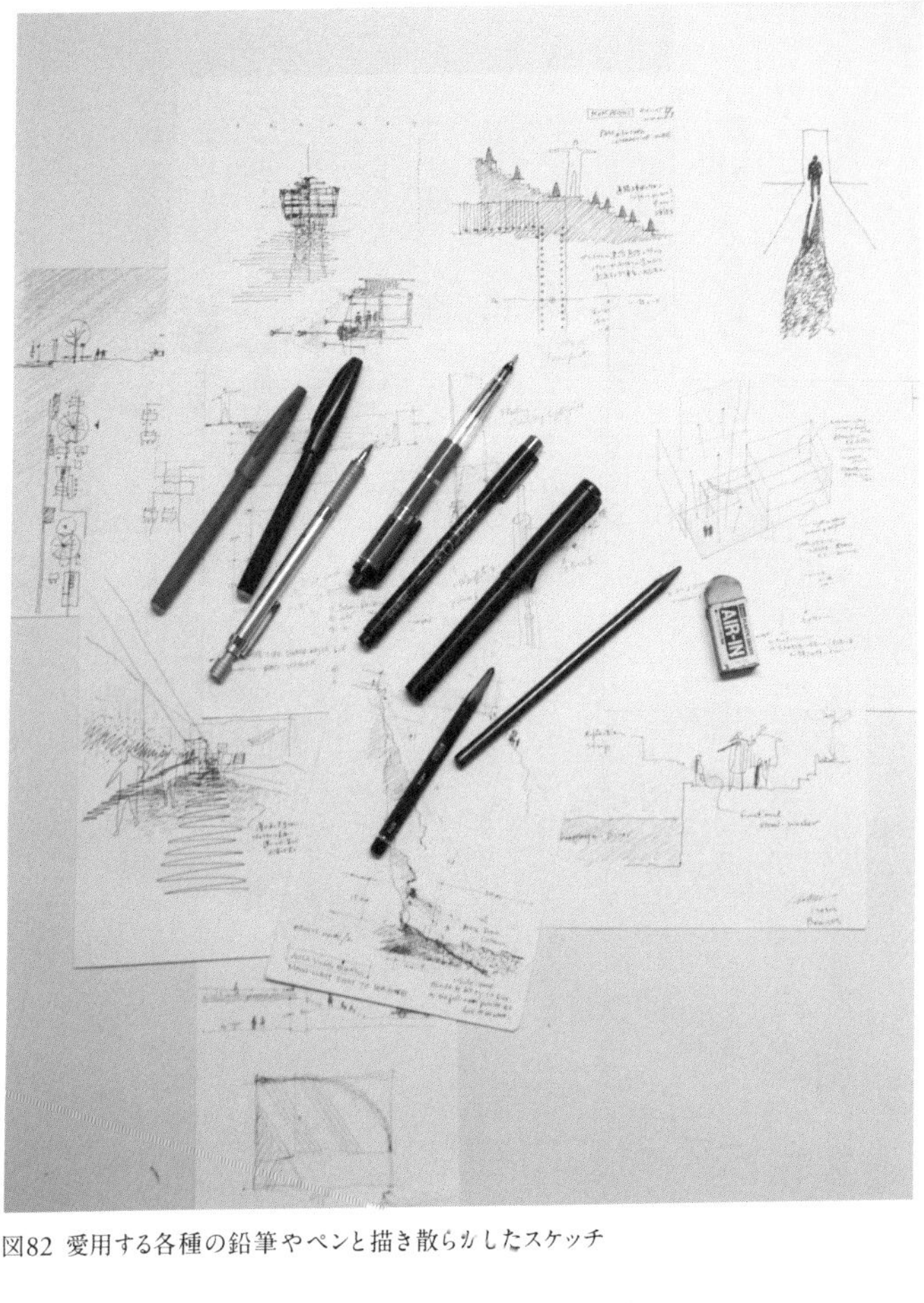

図82 愛用する各種の鉛筆やペンと描き散らかしたスケッチ

く絵や文字の内容によって使い分けている（図82）。

光のデザインを発想するために描くスケッチで重要なことは、人気《ひとけ》のない絵を描かないことである。私は建築雑誌に掲載される建築作品の竣工写真の多くが、人のいない気取った建築空間であることを常々疑問に思っている。光のデザインは人を感動させるためのものだから、スケッチの中には感動させる人が描かれていなければならない。

人気《ひとけ》のない絵を描くな

人の姿を描き入れることにはふたつの理由がある。ひとつは人間尺度を正確に描くことでスケッチにリアリティが出てくることだ。私は１６００～１７００㎜の背の高さの男女ふたりを描き入れることが多い。室内空間であれば、天井高や家具の大きさなどにも実寸を意識しながらスケッチしていく。スケール感覚のしっかりとれたスケッチをすると、光の広がりや強さにまでリアリティが増してくる。これが人の姿を描き入れるための理由のひとつだ。

もうひとつの理由は、人を描くことで空間内に行き交う人の視線を意識できることだ。「この人のためにどんな情景を与えるべきなのか」という目的が明確になる。だから描くべき人はひとりでなく、ふたりであったり、数十人であったりする。私たちが都市環境調査のときに描く道路の断面スケッチなどには、何人もの道を行き交う人びとを入れることがある。

尺度と人気《ひとけ》のない光と空間を描くな。

コンピューターに手描きを加える

コンピューターをうまく使うとだれでも手軽な絵が描ける時代を迎えた。パソコンソフトを活用すると、照明器具の選択から照度計算、照明効果のレンダリングやシミュレーションに至るまで、全てコンピューターが支援してくれる。便利になったものである。

パソコンは誰にでもあるレベルの綺麗な絵を描かせてくれるので、重宝がって使うデザイナーが増えている。実際に自分の手では描けないけれどパソコンで描くパースは一流、というテクニシャンが急増した。しかしその便利さだけに甘んじていることは許されない。パソコンで描く絵にも人の姿を加え尺度を与えるべきだ。パソコンがもう少し進化すると、私が使う黄色いトレペのように、ストレスのないラフな絵も描けるようになるのだろうから、パソコンとハンドスケッチの垣根もなくなるのかもしれないが。

ＬＥＤとキャンドルの光が住まいの照明として同居するようになり、パソコンで描く背景画にハンドスケッチがコラージュされる時代も近いだろう。

●作法27　現場で光を創り込め

光のデザインは全て現場で完成する。計画段階では自由な空想によるさまざまな可能性が飛び交うが、計画図書が完成し、ひとたび図面が現場に渡されると、そこではリアリティのないデザインアイデアは途端に抹殺されていく。デザインの出来は現場でしか評価されないということだ。だから照明デザインの仕事で成果を望むなら、空想やアイデアの段階で自己満足していてはならない。施工業者に頭を下げてでも現場で責任を取れる仕事をするべきである。

私はデザインの仕事を快適な事務所の室内で完結させたいと思ったことがない。厳しい採点も覚悟して現場へ出るべきだ。イメージしたことが明確に現場に伝わっているか。期待した品質で光が現実化しているか。照明デザインという仕事の楽しさは、そこに生まれてくるものである。

中国・清華大学照明デザイン研究所

すでに4〜5年前になるのだろうか、私は縁があって北京の清華大学に所属する照明デザイン研究所に通ったことがある。2か月に1度程度、年に6回ぐらいに分けて北京に滞在し、若い照明デザイナー集団が担当する仕事を指導し、照明デザイナーとしての力をつけてあげることが私に要請された仕事だった。清華大学に学んだ若い照明デザイナーはそれぞれに野心と能力を持ち合わせて

図83 ガーデンズ・バイ・ザ・ベイ・ベイ・サウスの現場実験風景

いた。しかし私が驚いたのは彼らの現場経験の少なさであった。そもそも照明デザインの実務経験は長い人で6～7年だということだったので、施工現場に出る経験が少ないことも仕方ないことではあった。しかし彼らの仕事ぶりを知ってくると、ほとんどの仕事が事務所の中で行われ、外部のクライアントや施工者との接点は事務所を代表する数人でこなしているという状況だった。さまざまな照明デザイン上の質問を仕掛けてくる彼らを前にして、私は頻繁に「そんなことは現場に行って確かめて説得して来い」と挑発したが、彼らの腰は期待するほど軽くはない。中国の優等生はあまり現場に出たがらないようで、この点だけは理解も納得もできなかった。

それでも私は「現場を知らない照明デザイナーになってはいけない」、「机上でデザインを完結するな」、「コンピューターの中だけでデザインを発想するな」と、輝く画面に向かって執拗に仕事をする中国のデザイナーに、多くのげきを飛ばしたものだった（図83）。

現場説明会と光のモックアップ実験

私が現場で光を創り込むために必要だと思うことがふたつある。ひとつは照明デザインの現場説明会であり、もうひとつは施工現場での光のモックアップ実験である。

建築設計者は現場施工が始まると施工監理者が現場事務所に詰めて監理業務を行うことになるが、照明デザイナーやランドスケープなどの関連コンサルタントは現場事務所に常駐することはなく、必要なときに必要な打ち合わせと施工状況のチェックに行くのみだ。だから施工の複雑な工程表の中に照明デザインの重点監理事項を明確にインプットしてもらわねばならない。そのために私たちは「照明デザインの現場説明会」を開くようにしている。

照明デザインはもちろん電気施工業者との接点が最も肝心なのであるが、建築詳細やファサードの関係者、場合においては音響施工や空調施工者にさえ、この説明会には参加を要請する。この複雑な仕事の絡みを現場の施工者に明確に理解してもらい、照明デザインの狙いや特に重要な照明手法などに力点を置いて解説する。重要な照明手法については現場施工の適切な時期に照明の効果実験を依頼することになるが、その現場説明会の中で箱のモックアップ実験の重要性を説明し、現場の施工者の協力なくしてこれが成功しないことを力説する。すなわち品質の高い施工を称えて照明デザインに対する理解を求め、ノリのよい仲間を増やしたいのである。

図84　東京駅丸の内駅舎の現場監理風景

現場施工者は工事が大過なく期待される品質で仕上がることを目指しているので、光のモックアップテストなどを面倒なことだと思われるとうまく準備が進まないことがある。照明器具や装置の製作会社と現場の電気工事者の両者に、照明デザイナーの期待する実験を協力して進めてもらうように手配することが肝要なのである（図84）。

現場主義の照明探偵団

建築照明デザイナーが現場主義に徹することは、私が主宰する照明探偵団という非営利の実践的照明文化活動に端を発している。私は1990年にLPAという建築照明デザイン会社を6名で設立したのだが、それと同時にこれを発足した。照明デザイナーはひたすら室内にこもり机に向かって仕事をするのではなく、むしろ昼夜ともにたくさんの光が渦巻くちまたに出て、その光の事件に触発されながら照明デザインを発想すべきだと考えた。

照明探偵団はもともと建築史家の藤森照信さんや今は亡き美術家の赤瀬川源平さんの建築探偵に触発されて始めたもので、先入観念を捨てて無防備になり、ひたすら健脚にものをいわせて街に出る、ということのみに意味がある。街の隅々からさまざまな光の事件を発見する能力が次第に高まってくる。単純に小さな光の事件に感動したり落胆したりしているうちに、目からウロコがたくさん落ちてくる。そのときの感動がデザインの原点になるのではないかと思ったのだ。

当初6名で発足した照明探偵団が、今は国内外に600余名もの仲間をもつに至った。この広がりは、光遊びが世界中の共感を呼び、光が文化として語られようとしていることを物語っている。全ての照明デザイナーが照明探偵になって現場で事件を探し当て、そこに一喜一憂しながら人の心に響く光環境を創っていってほしいものである。

あとがき

あとがきを書く段に至ってやっと、長い間、心の奥に詰まっていたものを吐き出したように感じている。昨年末から正月にかけて、ほぼ10日間余りで9万字ほどの原稿を脱稿したが、これほど短期間に集中して机に向かったことはこれまでになかった。

朝から夜までわずかな食事の時間を除いて、一日に15時間ほど書斎で原稿を書き続けた。パソコン作業のせいで腕や肩から背中と首筋まで、こんなにひどい凝りを起こしたことはない。しかし今となってはすでにいい思い出。ひたすら体力を酷使して登山した後の気分を味わっている。

だいたい私は働くことが大好きで、体を動かしながら甲斐甲斐しく働いていると時間はあっという間に過ぎていく。建築照明デザインを始めて37年になるが、還暦を迎えた数年前でさえ、日々余裕もなく淡々と働く自分がいた。このように忙しく月日が経過していくだけではいけないと思って、それまで10年間務めていた武蔵野美術大学の教授を退任したが、それでも忙しさは変わらない。忙しいことは楽しいことであったが、近ごろでは、どこかにそれだけで充足しないものを感じるようになっていた。私が仕事の中で感じたこと、考えたことを包み隠さず明確にアウトプットしたい。それがこの本を無理してでも書きたいと思わせた動機である。

照明デザインとは視覚に訴える仕事である。だから自己紹介がわりに竣工した照明デザイン・プロジェクトの美しい写真を見せてしまうことが多い。照明デザインについて講演するときにも、パワーポイントを使ったプレゼンテーションでさまざまな映像を使用する。画像や映像を使わずに照明デザインの話をすることはまずないのだ。そうであるから講演での私の話は、すでに映像で理解できることを前提に、それを補完するような言葉を添えることが多い。パフォーマンスとして映像に即した言葉のアドリブを付けてしまうこともある。私たちは言語に頼らない仕事をし続けてきた。そんなふうだから照明デザイナーの言葉は一向に洗練されず、まして仕事の内容を説得力のある文章で表現するとなると、なおさら腰が引けてしまうのだ。

そんな私にとって、本書の執筆は武者震いする仕事であった。照明デザインを映像に頼らず文字で語らねばならない。しかも本書で紹介できる写真や図版はモノクロである。その条件は一見して照明デザイナーにとって辛いことであったが、私たちの仕事を正しく理解してもらうためには大変重要なことなのである。文字でどれだけ照明デザインを語れるか。「光を文字で語る」これは明らかに挑戦である。

本書を書き下ろすために、たくさんの方々の協力をいただいた。まず私にこのような執筆の機会を与えてくれたＴＯＴＯ出版の編集長・遠藤信行さんにお礼を言いたい。２年も前から依頼されていたにもかかわらず、私の勝手な都合を辛抱強く待っていただいた。遠藤さんの叱咤激励があって、私の覚悟がかたまった。また、15年前の「面出薫＋ＬＰＡ・建築照明の作法」という展覧会なしではこの執筆に至っていない。あの心尽くしの展覧会が本書の起点である。展覧会は当時のＬＰＡを支えていた同志、東海林弘靖さん、稲場裕さん、角館政英さん、澤田隆一さん、森秀人さんたちの協力によって成立した。「思想や作法」は私が提案したが、それを照明デザインの中で実践していったのは、ＬＰＡの仲間たちである。その意味で本書は多くの仲間と一緒にある。

そして私の一気に書き下ろした文章を、根気強く添削してくれた実兄の富沢崇さんと富美子さんには、心よりの謝辞を伝えたい。おふたりには年末年始の多忙な時間を割いていただいた。ＬＰＡの東悟子さんには、整理の悪い私を助けていただいて図版や写真の選択作業をお願いした。南風舎の平野薫さんの辛抱強い校正作業と、ＴＯＴＯ出版の清水栄江さんの暖かい言葉に支えられて、私は走り続けることができた。多くの皆さんに心よりの感謝を送りたい。

照明デザインはこれから、時代の推移や社会状況の変化によって、その使命や役割を劇的に変化させていくに違いない。照明デザイナーという職能自体が、その仕事の内容や品質を刻々と変化させていくだろう。私は照明デザインの真価を発揮するのはこれからだと思っている。照明デザインの概念や手法は、これまでとは違う角度で開拓されていく。光や影に関わる要求水準が高くなっていくに違いないからだ。

願わくば光のデザインが生活の中に生きた文化論として語られて欲しいものである。技術論に終始したこれまでの姿を一新したい。そのために不可欠なのが健全な批評である。デザインの価値や品質は批評なしに磨かれない。本書では建築照明デザインという分野での出来事を論説したが、ここに語ったことがさまざまな批評にさらされて、新たな議論につながることを期待している。

クレジット一覧

●写真・図版提供

古館克明　32ページ図6
淺川敏　33ページ図7
金子俊男　53ページ図15、54ページ図17、58ページ図18-20、72ページ図22上、78ページ図24、79ページ図25、142ページ図49、164ページ図56（左上以外）、166ページ図57、167ページ図58-59、182ページ図64-66、197ページ図72（右下）、203ページ図75、209ページ図76（下）
ルイスポールセン社　96ページ図29-30
ポール・ヘニングセン　96ページ図30
大橋富夫　118ページ図40
©Ian Lambot　131ページ図45
エジソン・プライス社　175ページ図62
三菱電機照明株式会社　186ページ図68
伊東豊雄建築設計事務所　196ページ図71、197ページ図72（左）
Nacasa & Partners Inc.　197ページ図72（右中2点）
＊特記なきものはLPA

●設計

京都コンサートホール：磯崎新アトリエ
なら100年会館：磯崎新アトリエ
シンガポール最高裁判所：Foster and Partners, CPG Consultants
新宿アイランド：日本設計、住宅・都市整備公団
アリラ ヴィラ ウルワトゥ：WOHA, CICADA

京都駅ビル：原広司＋アトリエ・ファイ建築研究所
東京駅丸の内駅舎保存・復原：東日本旅客鉄道株式会社、東京ジェイアール東日本建築設計事務所、東京電気システム開発工事事務所
ガーデンズ・バイ・ザ・ベイ・ベイ・サウス：Grant Associates, Wilkinson Eyre Architects, CPG Consultants Pte Ltd
横浜風の塔：伊東豊雄建築設計事務所
影のロボット：原広司＋ＴＬヤマギワ研究所
東京国際フォーラム：ラファエル・ヴィニオリ建築士事務所
ホテル・ポリーニャ：伊東豊雄建築設計事務所
ビーコン・プラザ：磯崎新アトリエ
大阪シティエアターミナル：日建設計
豊の国情報ライブラリー：磯崎新アトリエ
下諏訪町立諏訪湖博物館・赤彦記念館：伊東豊雄建築設計事務所
茅野市民館：古谷誠章、ＮＡＳＣＡ
せんだいメディアテーク：伊東豊雄建築設計事務所
ワールドシティタワーズ：日建設計、清水建設

●出典

A. A. Kruithof, *Philips Tech*, 1941, Rev6　38ページ図8
面出薫、『あかり楽しんでますか ライト・ライト』、東京書籍、１９８８　38ページ図9、50ページ図14
Lichtbericht, 24, ERCO, 1986, pp.30-31　１３１ページ図45
『ＳＤ』第４０７号、鹿島出版会、１９９８年８月、90ページ　１７７ページ図63

●編集協力

南風舎

面出 薫（めんで・かおる）

1950年、東京に生まれる。東京藝術大学大学院修士課程を修了。1990年㈱ライティングプランナーズ アソシエーツを設立、代表取締役。

住宅照明から建築照明、都市・環境照明の分野まで幅広い照明デザインのプロデューサー、プランナーとして活躍するかたわら、市民参加の照明文化研究会「照明探偵団」を組織し、団長として精力的に活動を展開中。

東京国際フォーラム、京都駅ビル、せんだいメディアテーク、六本木ヒルズ、長崎原爆死没者追悼平和祈念館、京都迎賓館、茅野市民館、シンガポール国立博物館、シンガポール中心市街地照明マスタープラン、アリラ ヴィラ ウルワトゥ、ガーデンズ・バイ・ザ・ベイ、東京駅丸の内駅舎保存・復原ライトアップなどの照明計画を担当。

国際照明デザイナー協会賞・最優秀賞、日本照明学会・日本照明賞、日本文化デザイン賞、毎日デザイン賞などを受賞。日本建築学会（AIJ）、日本照明学会（IEIJ）、国際照明デザイナー協会（IALD）、などの会員。

現在、武蔵野美術大学客員教授、東京藝術大学、東京大学、などの非常勤講師。

著書に『世界照明探偵団』鹿島出版会、『都市と建築の照明デザイン』六耀社、『陰影のデザイン』六耀社、『光のゼミナール』鹿島出版会など多数。

TOTO建築叢書 5

建築照明の作法

照明デザインを語る10の思想と27の作法

2015年3月24日 初版第1刷発行

著 者 面出 薫
発行者 加藤 徹
発行所 TOTO出版（TOTO株式会社）
〒107-0062 東京都港区南青山1-24-3 TOTO乃木坂ビル2F
［営業］TEL. 03-3402-7138 FAX. 03-3402-7187
［編集］TEL. 03-3497-1010
URL: http://www.toto.co.jp/publishing/
印刷・製本 図書印刷株式会社

Printed in Japan
ISBN978-4-88706-345-7